AF235019

# Gib dem Tiger Daten
# Eine Fabel zum Thema Datenkultur

Von Thomas Gengler

# Gib dem Tiger Daten

Eine Fabel zum Thema Datenkultur

Von Thomas Gengler

© 2023 Thomas Gengler

1. Auflage

Umschlaggestaltung, Illustration:
  Tanja Müller (http://tanjarrrh.com)

Mitwirkende Autoren: Dr. Carsten Bange
(Abschnitt „Das Data Culture Framework von BARC")

Lektorat: Petra Embacher

Herstellung und Verlag: BoD – Books on Demand, Norderstedt.

ISBN Paperback: 9 783756 809745

Bibliografische Information der Deutschen Nationalbibliothek:
  Die Deutsche Nationalbibliothek verzeichnet diese Publikation in der Deutschen Nationalbibliografie; detaillierte bibliografische Daten sind im Internet über http://dnb.d-nb.de abrufbar.

# Inhaltsverzeichnis

# Vorwort

Data & Analytics ist ein Thema, das viele Unternehmen beschäftigt. Nicht umsonst werden Daten als das Öl oder das Gold des 21. Jahrhunderts bezeichnet. Die richtige Information zur richtigen Zeit kann den Unterschied machen. Und datenbasierte Entscheidungen oder Geschäftsmodelle bieten völlig neue Chancen.

Dementsprechend gibt es Unmengen von Fachliteratur zum Thema Daten, Reporting, Business Intelligence, Advanced Analytics usw. Diese Fachbücher sind fundiert, informativ und lehrreich, aber oft auch trocken und theoretisch.

Hier soll „Gib dem Tiger Daten" sich von anderen Fachbüchern abheben. Die Entwicklung einer Datenkultur wird hier nicht anhand von komplexen Fachbegriffen erklärt, sondern in eine Geschichte, um genau zu sein, in eine Fabel eingebettet.

Das Schönste daran ist, dass es dadurch keine technische oder wissenschaftliche Abhandlung ist. Dieses Buch ist Datenkultur, verpackt in eine tierische Geschichte, die Sie zum Staunen, Mitfiebern, Mitfühlen und Schmunzeln anregen wird.

Damit ist dieses Fabel-Fachbuch nicht nur für Data & Analytics-Experten geeignet, für die es dennoch viele Anregungen und Impulse gibt, wie sie ihre Data & Analytics-Angebote verbessern können.

„Gib dem Tiger Daten" kann aber gleichermaßen verwendet werden, um Kollegen und Data & Analytics-Nutzer aus den Business Units von den Vorzügen eines datengetriebenen Unternehmens zu überzeugen.

Die zentrale These dieses Buchs ist, dass der Weg zum datengetriebenen Unternehmen eine lange Reise ist, auf die ich Sie anhand einer lebendigen Geschichte anschaulich und beispielhaft mitnehmen möchte.

Wie auf jeder Reise gibt es unterschiedliche Wege, das Ziel zu erreichen. Die Tiere entdecken die Welt der Daten Schritt für Schritt und entwickeln sich mit jedem Kapitel ein Stück weiter.

Die Reihenfolge dieser Entwicklungsschritte habe ich dabei so gewählt, wie ich es aus meiner Erfahrung für zielführend halte. Aber selbstverständlich ist es auch möglich, den Weg in einer anderen Reihenfolge zu beschreiten. Am Ende geht es stets darum, wo Sie aktuell in Ihrem Unternehmen stehen, was Ihre wichtigsten Ziele sind und welche Schritte Ihnen im Augenblick den größten Mehrwert bieten.

Den Abschluss des Buchs bildet eine Vorstellung des Data Culture Frameworks des Analystenhauses BARC. Dieses Framework hat den Aufbau dieses Buchs maßgeblich beeinflusst und soll Ihnen deshalb abschließende Impulse geben.

Nun begleiten Sie die Tiere des Dschungels auf ihrer Reise durch die Welt der Informationen und erleben Sie, wie ein Papagei, ein Elefant, ein Delfin und ihre vielen Weggefährten eine gelebte Datenkultur in ihrem bedrohten Urwald entwickeln.

# Über den Autor

Thomas Gengler wurde 1981 in Forchheim geboren und arbeitet als Diplom-Wirtschaftsinformatiker in Fürth. Er lebt mit seiner Frau und seinen beiden Söhnen in Strullendorf bei Bamberg.

Die Leidenschaft für das Schreiben von Geschichten entdeckte er im Alter von 18 Jahren durch das Verfassen von Song-Texten für eine Heavy Metal Band.

Während Gengler unter dem Pseudonym Jonas Philipps mit humorvollen Romanen regionale Erfolge feiern konnte, arbeitet er unter seinem zweiten Pseudonym Tom Davids an Kurzgeschichten und spannenden Romanen.

Er agierte beim Spendenbuch „Kurzgeschichten gegen Krebs" als Herausgeber.

Hauptberuflich ist er seit September 2002 für einen europaweit agierenden Gesundheitsdienstleister tätig und absolvierte dort sein duales Studium als Diplom-Wirtschaftsinformatiker (BA). Von 2009 bis 2021 leitete er das BI-Team der Corporate IT und ist seit 2022 als „Head of Reporting & BI Solutions" für die Reporting-Lösungen in der neuen internationalen Data & Analytics-Domäne zuständig.

„Gib dem Tiger Daten" ist Genglers erstes Projekt, bei dem er die Leidenschaft für das Schreiben von Romanen und Geschichten mit seiner beruflichen Rolle als Data & Analytics-Experte verknüpft.

*Weitere Informationen:*
*www.linkedin.com/in/thomas-gengler-50738b226/*
*www.jonas-philipps.de/*
*www.tom-davids.de/*

# Vorstellung BARC

Seit der Gründung im Jahr 1999 steht BARC Führungskräften zur Seite, die richtige Entscheidungen zur erfolgreichen Nutzung von Data & Analytics zu treffen. Das Leistungsangebot beinhaltet Studien, Events und Beratung: BARC-Anwenderbefragungen, Softwaretests und die Analysteneinschätzung in Blogs und Research Notes geben Ihnen die Sicherheit, die richtigen Entscheidungen zu treffen. Mit ihrer unabhängigen Forschung bringt BARC Marktentwicklungen auf den Punkt und testet Software und Anbieter auf Herz und Nieren, damit Ihnen wertvolle Impulse gegeben werden können, wie aus Data, Analytics und AI ein Mehrwert wird und die Transformation Ihres Geschäftes gelingt.

Auf ihren Events kommen führende Köpfe und Unternehmen zusammen. BARC-Konferenzen, Seminare, Zirkel zum Erfahrungsaustausch und Online-Webinare bringen jährlich mehr als 10.000 Teilnehmenden Information, Inspiration und Interaktivität. Durch den Austausch mit Peers und den Überblick über Trends und Marktentwicklungen erhalten Sie neue Impulse für Ihr Business.

Die BARC Advisory Practice ist ganz darauf ausgerichtet, die Anforderungen und Bedürfnisse Ihres Unternehmens in zukunftssichere Entscheidungen zu verwandeln. BARC gibt Ihnen ganzheitliche Konzepte an die Hand, mit denen Sie Ihre Data & Analytics Strategie und Kultur sowie Architektur und Technologie erfolgreich umsetzen können. Das Ziel von BARC ist es nicht, sich langfristig bei Ihnen als Implementierer festzusetzen. Vielmehr ergänzt BARC Ihre Teams mit Research- und erfahrungsfundierten Experten-Input und begleitet Sie beim erfolgreichen Einsatz von Data & Analytics, von der Strategie bis hin zu optimierten datengestützten Geschäftsprozessen. Dazu zählen Data Strategy & Data Culture, Softwareauswahl, Architektur, Organisation, Review & Optimierung des Status quo sowie Design Thinking & Use Cases.

# Teil 1

… in dem die Tiere des Waldes im Angesicht der Bedrohung ihres Lebensraums die ersten Weichen für einen datengetriebenen Dschungel stellen.

## Die dunkle Bedrohung

Besorgt spitzte der Silberrücken die Ohren. Geräusche wie diese hatte er noch nie wahrgenommen. Sie waren anders als die Rufe der Tiere, unnatürlich und beklemmend. Er konnte die Bedrohung nicht greifen, aber er spürte sie in seiner gewaltigen Brust. Mit sanften Augen ließ er den Blick über den nervösen Familienverband schweifen. Die Gorillafrauen wogen den Nachwuchs in den Armen und sahen sich unruhig im Dschungel um. Die jugendlichen Männchen, die ansonsten selbstbewusst auf ihre Brust trommelten, wichen seinen Augen aus und gähnten verunsichert.

Traurig schloss der Gorilla die Augen. Es konnte so nicht weitergehen. Er ging zu seinem Sohn, einem großen, starken Gorilla von 13 Jahren. Erste graue Haare durchzogen sein schwarzes Fell. Bald war er alt genug, eine eigene Familie zu gründen. Aber heute war es an der Zeit, ihn zu lehren, Verantwortung zu übernehmen.

„Komm mit, mein Sohn. Wir müssen dem auf den Grund gehen."

„Ja, Vater."

Und so zogen die beiden Gorillas los, und ließen ihre verschreckte Familie zurück.

Im Knöchelgang kämpften sich die zwei Gorillas auf allen Vieren durch den dicht bewachsenen Dschungel. Die dumpfen Geräusche wurden immer lauter.

„Vater, vor uns kommt ein Fluss."

Der Silberrücken blieb stehen und richtete sich auf. Suchend sah er sich um. Die Bäume waren zwar hoch, aber zu weit voneinander entfernt.

„Wir müssen ihn zu Fuß überqueren."

Er brach einen dicken Ast ab und prüfte sorgfältig die Tiefe des Wassers. Der Fluss war nicht tief, aber reißend schnell.

„Bist du stark genug, mein Sohn?"

„Natürlich, Vater. Ich schaffe das!"

Vorsichtig tasteten sich die Gorillas zum Flussufer vor und stiegen auf zwei Beinen in das kühle Nass. Mit einem angestrengten Grunzen stemmten sie ihre muskulösen Hinterbeine gegen die starke Strömung.

Der Junge wankte, und sein Vater machte sich bereit, ihn mit seinen kräftigen Pranken zu stützen. *Aber du wirst das allein schaffen*, dachte er stolz. Kurz darauf kletterten der Silberrücken und sein Sohn auf der anderen Seite ans rettende Ufer und setzten ihren Weg durch das dichte Unterholz des Dschungels fort.

Die Geräusche wurden immer lauter. Es war rhythmisch. Unwirklich. Wie aus einer anderen Welt.

„Was kann das nur sein, Vater?"

„Ich weiß es nicht, mein Sohn. So etwas habe ich hier in unserem Dschungel noch nie gehört."

„Denkst du, es ist böse?"

Der Silberrücken lächelte gutmütig. „Kein Geschöpf ist von Natur aus böse. Wir alle streben nur danach, unseren Lebensraum und unsere Art zu erhalten und genug Futter zu finden. Und jeder hat seinen Weg gefunden, dieses Ziel zu erreichen. Reißzähne und Klauen, List oder Stärke, Schnelligkeit oder Täuschung. Viele Lebewesen haben andere Talente als wir Gorillas. Aber böse macht sie das nicht."

„Das verstehe ich, Vater. Aber das klingt nicht nach einem Tier, das nach Nahrung sucht."

Besorgt schloss der Silberrücken die Augen. „Ich weiß, mein Sohn", murmelte er leise. „Deshalb müssen wir das Geheimnis lüften."

Vorsichtig pirschten sich die beiden Gorillas an den ohrenbetäubenden Lärm heran. Sie schnupperten, horchten, erfassten ihre Umgebung mit all ihren feinen Sinnen. Es lag ein beißender, schwerer Dunst in der Luft. Ein Geruch, den sie nicht zuordnen konnten. Er wirkte künstlich und passte ganz und gar nicht in diesen Dschungel. Langsam tasteten sie sich durch das Unterholz, steuerten zielsicher auf eine turmhohe Baumgruppe zu. „Dort hinauf", entschied der Silberrücken. „Von da oben haben wir eine bessere Sicht."

Die Gorillas umfassten die Baumstämme mit ihren vier Händen und Füßen und spreizten die großen Zehen ab. Behände kletterten sie in die Baumkrone und ließen sich auf wuchtigen Ästen nieder, die ihr stolzes Gewicht problemlos tragen konnten.

Wütend bleckte der Silberrücken die Zähne. „Menschen!", knurrte er. Eine Träne rann sein behaartes Gesicht hinab und tropfte vom Baum zu Boden. Sein Sohn gähnte verunsichert und starrte mit weit aufgerissenen Augen auf die Spur der Verwüstung.

Er konnte die Anzahl der menschlichen Wesen nicht zählen. Kein Familienverband hatte eine so gewaltige Größe. In Gruppen schwärmten sie aus, und trugen laute, stinkende Gegenstände in ihren Händen.

„Das müssen Zauberer sein."

„Ja", flüsterte der Silberrücken. „Nicht einmal ein erboster Elefant kann einen Baumstamm in so kurzer Zeit fällen."

Es war ein bedrückendes Bild. Die Bäume knickten um wie Grashalme im Wind. Und binnen weniger Minuten hatten die Menschen eine tiefe Schneise geschlagen.

„Sie zerstören unseren Dschungel!"

„Aber wozu?", weinte der Sohn.

„Niemand von uns versteht die Menschen."

Mit einem lauten Rumpeln donnerten kolossale Geschöpfe heran. Ihre glänzende gefärbte Haut spiegelte die Sonne, und mitten in den Kreaturen saßen Menschen.

Der junge Gorilla zitterte. „Was ist das?"

„Ich weiß es nicht, mein Sohn", antwortete der Vater, und musste mit ansehen, wie die gigantischen Wesen mit roher Gewalt Löcher in die Erde schlugen. „Ich weiß es nicht ..."

Plötzlich ertönten laute Rufe. Die Augen des Silberrückens blitzen entsetzt auf. Die Menschen fuchtelten mit ihren Händen und zeigten aufgeregt in Richtung ihrer Baumkronen.

„Sie haben uns entdeckt."

„Was sollen wir machen, Vater?"

Da richteten die Menschen lange Stäbe auf sie.

Und ein ohrenbetäubender Knall ertönte.

*Praxistransfer:*

Bereits im ersten Kapitel werden die Tiere des Dschungels existenziell bedroht.

Auch in der modernen Geschäftswelt wimmelt es vor externen Einflüssen, die ein Unternehmen existenziell bedrohen können.

Konkurrenten bedrohen den geschäftlichen Lebensraum, neue Wettbewerber drängen in sich rasch verändernde Märkte, disruptive Innovationen ersetzen etablierte Branchen durch neue Technologien und Geschäftsmodelle.

Beispiele für diese rasanten Entwicklungen gibt es viele.

Wann waren Sie zuletzt in einer Videothek? Und wann haben Sie zum letzten Mal einen Film gestreamt?

Haben Sie Ihren letzten Elektronikartikel im Fachhandel gekauft, oder auf einer eCommerce-Plattform im Internet?

Wann haben Sie zuletzt eine CD in einen CD-Player eingelegt?

Disruptive Innovationen gab es schon immer. Das Auto ersetzte Schritt für Schritt das Pferd. Die Dampftechnik revolutionierte einst die Transportmittel. Doch nie war die disruptive Innovation schnelllebiger als im Zeitalter der Digitalisierung. Für Unternehmen, die sich nicht an diese neuen Begebenheiten anpassen, kann die Digitalisierung schnell eine Bedrohung darstellen. Besonders anfällig sind dabei Unternehmen, deren Geschäftsmodell auf traditionellen Wegen basiert und nicht auf digitalen Technologien.

Die beiden Gorillas in unserer Geschichte stehen der neuen Situation völlig ratlos gegenüber. Agieren Sie anders als die tapferen Gorillas. Seien Sie vorbereitet!

Welche Chancen ergeben sich in Ihrer Branche aus der Digitalisierung? Wo können Sie durch den Einsatz digitaler Technologien effizienter werden oder Ihre Kundenangebote optimieren? Welche neuen Märkte oder Kundengruppen lassen sich digital erschließen?

## Der Weckruf

Der Papagei blickte auf. Ein fernes Surren drang an sein Ohr. Es klang nicht wie ein Bienenschwarm, sondern durchdringender und gefährlicher. Verdutzt wackelte er mit dem Kopf. Wenn er genau hin hörte, konnte er noch andere Laute erkennen. Ein dumpfes Grollen.

Besorgt ließ er die Augen über die Bäume wandern. Konzentrierte sich auf die feinen Schwingungen des Asts, auf dem er saß. Nichts außer dem sanften Schaukeln des Windes. Er blickte hinauf zum Himmel. Keine Vogelschwärme. Keine panischen Fluchtversuche. Keine Anzeichen für ein Beben der Erde.

„Aber was um alles in der Welt erzeugt derartige Geräusche?", murmelte er zu sich selbst. Er klopfte sich mit seinem linken Flügel auf die rechte Schulter. „Wenn dieser Papagei es nicht herausfindet, dann werden die Tiere im Urwald noch in Dummheit sterben. So ist das!"

Der Papagei schwang sich über die hohen Baumkronen des Dschungels, sauste durch die Lüfte und folgte der Quelle des Lärms. Er erfreute sich an den bunten Bromelien, die hoch in den Baumwipfeln des Regenwaldes wucherten. Sog den Duft der Mahagonibäume in seine Nase. „Wie schön es hier ist. Eines prachtvollen Papageien wie mir würdig", freute er sich glücklich. Die Geräusche wurden lauter. Er näherte sich rasch. „Jetzt wollen wir doch mal sehen, wer hier sein Unwesen ..." Die Worte blieben ihm im Halse stecken. Der grausame Anblick machte den Papagei sprachlos, was äußerst selten der Fall war. Mit zitternden Füßen landete er in der nächsten Baumkrone und starrte auf die tiefe Schneise, die sich, so weit das Auge reichte, vor ihm erstreckte. Noch nie in seinem Leben hatte er eine solche Verwüstung gesehen. Sterbende Bäume. Vernichtete Natur. Aufgewühlte Erde. Grenzenlose Zerstörung ...

„Wer ... Wer ist nur zu so etwas fähig?" *Kein Tier des Dschungels würde sowas tun.*

Da entdeckten seine scharfen Augen in der Ferne einen Pulk Menschen, die mit Geräten bewaffnet den Boden umgruben. „Menschen", knurrte er aus den Untiefen seiner Seele, dass es beinahe so klang wie das Grollen eines Tigers. „Ich hätte es mir denken müssen ..."

Seine Augen funkelten. Er musste etwas unternehmen. Der Dschungel musste von dieser Gefahr erfahren. *Und wer wäre besser geeignet als ich, die Welt zu warnen!*

Energisch öffnete er die Flügel und schwang sich in die Luft, kreiste einen kurzen Augenblick über der Schneise des Untergangs, und flog davon.

Sein erstes Ziel war die Familienbande des Gorillas, die dem Ort der unvorstellbaren Geschehnisse am nächsten lebten. Hatten sie etwa noch gar nichts von dem drohenden Unheil mitbekommen? Hausten sie unwissend so nahe am Abgrund?

Der Papagei musste unbedingt mit dem Silberrücken sprechen. Er war fürsorglich und weise. Gemeinsam mit ihm konnte er sich beraten, wie es weitergehen sollte. Als er das Lager der Gorillas erreicht hatte, setzte er sich zunächst auf einen Ast und verschaffte sich einen Überblick über die Lage. Der Anblick zerriss ihm das Herz. Die Jungen klammerten sich müde an das Fell ihrer Mütter. Die großen, sonst so starken Menschenaffen sahen hungrig und ausgezehrt aus. Ein trauriger Schatten ihrer selbst. Vom mächtigen Silberrücken fehlte jede Spur.

Aufgeregt ließ er sich in der Mitte der felsigen Lichtung nieder. Die leeren Blicke der Gorillas richteten sich auf ihn.

„Ich muss dringend mit dem Silberrücken sprechen."

Seine Frau, das älteste Gorillaweibchen der Familienbande, trat langsam auf ihn zu. Ihre Stimme war warm, aber seltsam kraftlos. „Er ist nicht hier. Wir haben ihn verloren."

„Verloren?"

„Ja, verloren." Eine einsame Träne rann ihr Fell hinab. „Vor vielen Tagen schon ist er losgezogen, mit unserem ältesten Sohn, um dem lärmenden Unheil auf den Grund zu gehen."

Der Papagei hing zitternd an ihren Lippen.

„Sie sind nie zurückgekehrt."

„Es sind die Menschen! Die Menschen zerstören unseren Regenwald!", rief der Papagei aufgeregt.

„Das wissen wir", seufzte die Gorilladame. „Sie sind schon sehr nah. Wir haben es gesehen."

„Wir müssen etwas dagegen unternehmen."

„Das können wir nicht. Unser Revier ist bereits zum größten Teil zerstört. Unsere Reise endet hier."

Der Papagei schüttelte vehement den Kopf. „Aber das muss es nicht! Wir finden einen Weg. Aber zuerst müssen wir hier weg!"

„Aber wohin denn?", klagte die Gorilladame. „Dies ist unsere Heimat. Wir können hier nicht fort."

„Aber dann werdet ihr alle sterben!"

Sie nickte traurig. „Es hat bereits begonnen. Wir finden kaum noch ausreichend Nahrung."

„Dann kommt mit mir. Der Dschungel ist groß. Wir suchen ein anderes Revier für euch."

„Wir alle sind krank. Wir sind am Verhungern. Zu schwach für eine lange Reise ins Ungewisse. Und umzingelt von Revieren, die uns nicht den benötigten Lebensraum bieten."

„Was soll das bedeuten?"

Das Gorillaweibchen schloss müde die Augen. „Dass es hier für uns zu Ende geht."

Mit tränenverschleiertem Blick schwang sich der Papagei in die Luft. „Ich werde das Wort in den Dschungel tragen! Ich werde jedes Tier dieses Waldes zusammentrommeln! Und ich werde nicht eher ruhen, bis wir eine Lösung finden!"

„Ich wünsche dir viel Erfolg, tapferer Papagei", flüsterte die Gorilladame und blickte ihm bekümmert nach. „Für uns ist es leider zu spät."

*Praxistransfer:*

Die Tiere des Dschungels werden völlig unvorbereitet von dem Unheil getroffen, das die Menschen mit ihrer Waldrodung anrichten. Sie hatten keinerlei Informationen, konnten die Bedrohung nicht sehen und sich deshalb nicht darauf vorbereiten.

Hätten sie von den nahenden Menschen mit ihren Maschinen und Gewehren gewusst, wäre es möglich gewesen, Vorkehrungen zu treffen. Vielleicht wären die Gorillas umgesiedelt, als sie noch stark und kräftig gewesen waren, anstatt halb verhungert und ohne ihren weisen Anführer nach einem neuen Revier suchen zu müssen.

Wer schlecht informiert ist, wird auch in der schnelllebigen Geschäftswelt nicht lange überleben können. Vollständige und korrekte Informationen sind eine unerlässliche Basis, wenn Sie wichtige Entscheidungen fällen müssen. Handeln Sie aus einer Position der Stärke heraus, indem Sie stets gut informiert die

Geschicke Ihres Unternehmens lenken! Nur wenn Sie die Veränderungen in den Märkten oder in den Erwartungen Ihrer Kunden kennen und verstehen, können Sie Ihr Geschäftsmodell an neue Entwicklungen in Ihrer Branche anpassen. Daten spielen dabei eine immer größere Rolle. Diese Fabel wird Ihnen zeigen, wie Sie die Daten Ihres Unternehmens nutzbar machen und gewinnbringend einsetzen können.

## Die Konferenz der Tiere

Und so flog der Papagei unermüdlich durch das weite Land. Er erspähte das gut getarnte Chamäleon in den hohen grünen Gräsern. In den trockenen Steppen am Rande des Regenwaldes stoppte er den sprintenden Geparden. Selbst über das Wasser wagte er sich, und suchte den Delfin in dessen Lagune auf.

Auf dem Weg zurück in den Dschungel berichtete er dem entrüstet trompetenden Elefanten, informierte den brummenden Bären in seiner heimeligen Höhle und weckte gar das schlummernde Faultier.

In den Sümpfen traf er den Jaguar, und am Waldrand in der Buschsavanne unterhielt er sich lange mit dem alten Nashorn. Nicht weit entfernt in einem Fluss in der Savanne fand er schließlich auch das Flusspferd.

In den Baumwipfeln flatterte der Papagei zu den verspielten Affen, ehe er der an einem dicken Ast baumelnden Schlange die Neuigkeiten auf die Nase band.

Ihnen allen erzählte der Papagei bildgewaltig, was er mit eigenen Augen gesehen hatte. Und er brachte die bedrückende Kunde vom Untergang der Gorillas. Fassungslos hingen die Tiere an seinem Schnabel. Sie hörten tief in ihr Innerstes hinein, und so unglaublich die Geschichte auch klingen mochte, so sehr spürten sie, dass es die finstere Wahrheit war. Am Ende stimmten sie alle zu, sich im Herzen des Urwalds zu einer Konferenz der Tiere zusammenzufinden, wie es sie schon seit ewigen Zeiten nicht mehr gegeben hatte.

Nun fehlte nur noch einer: der uneingeschränkte Herrscher des Waldes. Der König des Dschungels. Das geschmeidigste und kraftvollste Tier dieser Gefilde. Der Papagei musste dem Tiger seine Aufwartung machen.

Aus luftiger Höhe erspähte der Papagei die gestreiften Muskeln, die lautlos durch die dichte Vegetation schlichen. Vorsichtig näherte er sich von oben und setzte sich in sicherer Entfernung auf einen knorrigen Baumstumpf.

Die scharfen Augen des Tigers erfassten ihn. Der Papagei spürte, wie eine Gänsehaut unter seinem bunten Federkleid prickelte. Aber er blieb stoisch sitzen. Diese Angelegenheit war viel zu wichtig!

„Was führt dich hierher?" Die Stimme des Tigers war rau und rauchig. Bei ihrem Klang zogen sich die Eingeweide des Papageien zusammen.

„Wir haben das Sterben der Gorillas gesehen."

Der König des Dschungels legte die getigerte Stirn in Falten. „Das Sterben der Gorillas? Du sprichst in Rätseln."

„Es sind die Menschen", platzte der Papagei heraus. „Sie vernichten unseren Regenwald. Und die Gorillas hat es als erste erwischt. Der alte Silberrücken ist tot. Und die anderen werden nicht mehr lange überleben."

„Ihr Revier ist weit weg von hier. Was kümmert es mich? Jedes Tier ist für sich selbst verantwortlich."

„Das mag sein. Aber dieser Gefahr können wir nur gemeinsam trotzen."

„Ich bin kein Rudeltier. Wir Tiger kämpfen nur für uns selbst. Und stets allein."

„Aber Ihr seid der König dieses Dschungels. Wir brauchen Euch bei unserer Beratung." Listig blickte der Papagei ihn an und fügte schmeichelnd hinzu: „Wir benötigen Eure Erfahrung. Eure Weisheit. Eure Führung. Und Eure Stärke."

Eitel bleckte der Tiger die beeindruckenden Reißzähne. „Wo findet die Besprechung denn statt?"

„Auf der Sonnenlichtung im Herzen des Dschungels." Der Tiger nickte dem Papagei majestätisch zu und streifte wortlos davon.

Die Abendsonne tauchte die Lichtung in gleißendes orangenes Licht. Der süße Duft von Blumen vermischte sich mit der erfrischenden Note der immergrünen Bäume. Nicht weit entfernt plätscherte ein kleiner Bach.

Zufrieden ließ der Papagei den Blick durch die Runde schweifen. Alle waren sie gekommen. Nur der Delfin vermochte seine Lagune nicht zu verlassen. Als Letzter erschien der Tiger in der Sonnenlichtung. Hoch erhobenen Hauptes schritt er durch die Reihen, die vor den samtenen Pfoten ehrfürchtig zur Seite traten und den Kopf neigten. Im Zentrum angekommen, nickte der König des Dschungels seinen Gefährten zu und übertrug das Wort dem emsigen Papagei.

„Ihr alle wisst, warum wir hier sind. Das Ende der Gorillas hat uns tief getroffen. Und so haben wir uns hier versammelt, um eine Lösung zu finden, die es uns erlaubt, der Bedrohung durch die Menschen zu begegnen."

Der Jaguar fletschte kampfeslustig die Zähne. „Wir sind die Herren des Dschungels. Die Menschen haben hier nichts verloren. Lasst uns zurückholen, was uns gehört."

„So einfach ist das nicht", warnte der Elefant. „Die Menschen haben gefährliche Waffen. In einem offenen Kampf lassen sie sich nicht in die Knie zwingen."

„Aber wie sollen wir uns dann vor ihnen schützen?", murrte der Bär.

„Wir sollten abwarten", fand das Faultier. „Abwarten und unsere Kräfte sparen. Jeder Sturm zieht irgendwann weiter."

„Aber nicht die Menschen", befand das Nashorn. „Ihre Gier ist grenzenlos."

„Lasst sie uns aus den Baumkronen mit Gegenständen bombardieren, bis sie die Flucht ergreifen", kicherten die Affen und rieben sich diebisch die Hände.

„Mit ein paar Nüssen werden wir sie nicht verjagen", winkte der Gepard ab. „Wir müssen flexibel sein und uns etwas Besseres einfallen lassen."

„Gedenken wir der Gorillas", trompetete der Elefant respektvoll. „Stolze Tiere, treu und stark. Sie konnten nichts gegen die Menschen ausrichten. Wurden überrumpelt."

„Das ist der Kern des Problems", nickte das Nashorn. „Wir reagieren nur auf das, was die Menschen tun. Weil wir keine Informationen haben. Da wir nie wissen, was sie als Nächstes tun."

„Informationen ... flexibel sein ..." Das Flusspferd schüttelte stur den Kopf. „Ich verstehe euch nicht. Ich habe schon immer in meinem Fluss gelebt. Dort herrscht das Recht des Stärkeren. Und ich bin das größte und stärkste Tier in meinem Fluss. Da brauche ich keine Informationen und muss nicht flexibel sein." Selbstbewusst ließ das Hippo seinen Blick durch die Runde schweifen. „Wer mir im Weg steht, den ertränke oder zerquetsche ich. Und lebe mein Leben, wie all die anderen Flusspferde vor mir."

Entrüstete Stimmen flammten auf.

„Aber du bist doch auch Teil dieser Welt ..."

„Die Zeiten ändern sich ..."

„Ohne Informationen sind wir dem Untergang geweiht ..."

Der donnernde Bass des Elefanten setzte sich durch: „Auch die Gorillas sind unglaublich stark. Und doch hat sie ein Ende ereilt, das sie nicht verdient haben!"

Dann richteten sich alle Augen auf den Tiger, der bis dahin noch gar nichts gesagt hatte. Der König des Dschungels erwiderte die erwartungsvollen Blicke. „Ich pflichte dem Hippo bei", sprach er grollend. „Seht ihr diese Krallen?" Stolz reckte er seine

21

gewaltigen Pfoten in die Höhe. „Und diese Zähne?" Mit einem Brüllen zeigte er die imposanten Reißzähne. Ein erschrockenes Raunen ging durch die Reihen. „Ich verlasse mich lieber auf mich selbst. Auf meine eigenen Stärken. Informationen, was die Menschen treiben, benötige ich nicht. Lasst sie nur kommen! Ich fege sie beiseite!"

Damit machte er auf dem Absatz kehrt und verließ die Sonnenlichtung. Und das Flusspferd folgte seinem Beispiel.

Betreten blieben die restlichen Tiere auf der Lichtung zurück. Die Bäume warfen inzwischen lange Schatten. Es wurde dunkler. Und ihre Gemütslage passte sich nach dem Weggang des Tigers der heraufziehenden Nacht an.

Da zerriss das gutmütige Brummen des Bären die bedrückte Stimmung: „Dann sammeln wir die Informationen eben ohne diese beiden Sturköpfe!"

Der Jaguar stimmte dem Bären zu. „Ja, lasst uns die Herrschaft über unseren Dschungel zurückholen!"

„Aber wie wollen wir es anstellen?", fragte der Papagei.

Das Nashorn rieb sich nachdenklich die spitze Nase. „Der Weg ist weit und noch nicht klar. Aber er beginnt stets mit dem ersten Schritt."

Die Affen stöhnten: „Was soll das denn nun wieder bedeuten?"

Die tiefe, sanfte Stimme des Elefanten drang über die Lichtung: „Es bedeutet, dass wir uns zum WIE erst dann Gedanken machen sollten, wenn wir das WAS festgelegt haben."

Das Nashorn nickte dankbar.

Die Affen hüpften aufgeregt herum.

„Es geht um's Überleben!", warf der Papagei in den Raum.

„Um Informationen", zischte die Schlange.

„Um Flexibilität", knurrte der Gepard.

„Um Erinnerung", sagte der Elefant.

„Um Voraussicht", ergänzte das Nashorn.

Dann herrschte nachdenkliche Stille in der Lichtung.

„So haben wir also eine gemeinsame Mission", fasste der Elefant zusammen. Und alle Tiere hingen an seinen Lippen. „Wir versuchen, Informationen zu sammeln, damit wir durch den Einklang unserer Erinnerungen und einer neuen Voraussicht so flexibel sind, dass wir unser aller Überleben sicherstellen."

Ein sanfter Windhauch strich wie von Zauberhand über die kleine Lichtung. Es war ein Augenblick voller Magie. Die Tiere des Dschungels nickten ehrfürchtig.

Der Papagei hüpfte in die Mitte und streckte feierlich seinen rechten Flügel aus. „So sei es! Lasst uns einen Pakt schließen, der uns alle dieser gemeinsamen Mission verpflichtet!"

Ein Tier nach dem anderen reckte die rechte Pfote nach vorn. „So sei es!", schworen sie.

Die Bewohner des Dschungels bildeten einen Kreis, berührten sich mit ihren Pfoten und Flügeln. Und der Pakt war besiegelt.

*Praxistransfer:*

Was haben die Tiere des Dschungels in diesem Kapitel getan? Im übertragenen Sinne haben sie den Beschluss gefasst, sich zu einem datengetriebenen Unternehmen weiterzuentwickeln.

Wie sie ihr Ziel konkret erreichen wollen, wissen sie zu diesem Zeitpunkt noch nicht. Doch jeder Weg beginnt mit dem ersten Schritt: der Definition eines gemeinsames Ziels, einer Mission und einer klaren Vision.

Nur wenn dieser erste Schritt gelingt, wenn sich alle Beteiligten einem gemeinsamen Ziel verschreiben, steht eine Transformation auf einem sicheren Fundament. Es muss Einigkeit bestehen, was man erreichen möchte. Und die Ziele müssen in eine klare, verständliche und vor allen Dingen greifbare Botschaft verpackt werden, die präzise beschreibt, was erreicht werden soll, eine motivierende und inspirierende Wirkung hat, groß und langfristig angelegt aber gleichzeitig realistisch erreichbar ist.

Das ist die Basis, auf der die Reise in Richtung datengetriebenes Unternehmen aufsetzt.

Das größte Problem der Tiere des Dschungels ist dabei, dass es ihnen nicht gelungen ist, die komplette Führungsebene mitzunehmen. Mit dem Flusspferd und vor allem dem majestätischen Tiger haben sie zwei wichtige Stakeholder verloren, die sie nicht von ihrem Vorhaben zu begeistern vermochten. Die Transformation zu einem datengetriebenen Unternehmen ist ein tiefgreifender Eingriff in die Unternehmenskultur und kann daher nur gelingen, wenn der Bottom-Up-Kulturwandel top-down vom Management unterstützt und aktiv gefördert wird.

Natürlich ist es auch Teil der Storyline dieser Fabel, dass sich der Tiger nicht überzeugen lässt. Sonst wäre es für die Tiere zu einfach, und darunter würde die Spannung des Buchs genau so leiden wie ihre Kernaussagen. Aber es ist in der Praxis nicht unrealistisch, dass es Zweifler gibt. Aussagen wie „Das haben wir schon immer so gemacht" oder „In unserem Unternehmen kommen wir auch ohne Daten aus" werden Ihnen auf Ihrer Reise immer wieder begegnen. Im schlimmsten Fall auch von Ihrer Führungsebene.

Achten Sie darauf, Ihre Führungsebene von Beginn an mitzunehmen. Unterstreichen Sie die Wichtigkeit Ihrer Sache auf begreifliche Weise: Wer schlecht informiert ist, wird in der schnelllebigen Geschäftswelt nicht lange überleben können!

## Die Strategie des Überlebens

Am nächsten Morgen trafen sich die Tiere erneut in der Sonnenlichtung.

„Es gibt noch viel zu besprechen", flötete der Papagei.

„Wer erinnert sich noch an unsere gemeinsame Mission?", trompetete der Elefant.

„Nun ja, so ein bisschen ... Überleben und so weiter ...", stammelten die Affen aufgeregt.

Das Nashorn seufzte. „Wir versuchen, Informationen zu sammeln, damit wir durch den Einklang unserer Erinnerungen und einer neuen Voraussicht so flexibel sind, dass wir unser aller Überleben sicherstellen."

Der Elefant nickte anerkennend.

Der Bär kratzte sich nachdenklich am Kopf. „Aber was heißt das konkret?"

„Ich denke, wir müssen nun den nächsten Schritt gehen", befand der Elefant. „Was brauchen wir, um zu überleben?"

„Vielleicht sollten wir die Frage umkehren", schlug das Nashorn vor. „Was bedroht unser Überleben?"

„Die Menschen!", riefen alle Tiere wie aus einem Munde.

Dann herrschte Stille.

„Wir haben auch schon ums Überleben gekämpft, bevor die Menschen in unseren Dschungel eingedrungen sind", zischte die Schlange.

Der Gepard nickte: „Das stimmt. Es muss also noch mehr Bedrohungen geben."

„Also ich finde es bedrohlich, wenn ich Hunger habe und nichts zu essen finde", grinste der Bär.

„Das stimmt", riefen die Affen aufgeregt. „Fehlende Nahrung gefährdet unsere Existenz!"

Der Papagei riss seinen linken Flügel in die Höhe: „Naturkatastrophen sind eine Bedrohung!"

„Ja", plapperten die Tiere wild durcheinander. „Erdbeben und Überschwemmungen können wirklich furchtbare Folgen haben!"

„Und ansteckende Krankheiten haben schon ganze Rudel ausgerottet!", fügte der Jaguar hinzu.

„Dann haben wir doch weit mehr gefunden als nur die Menschen", fasste der Elefant zusammen. „Menschen, Nahrungsknappheit, Naturkatastrophen und Krankheiten. Lasst uns damit beginnen."

„Am besten, wir teilen uns auf", riet das Nashorn. „Wir bilden vier Gruppen, und jede Gruppe überlegt sich, mit welchen Informationen wir diese Bedrohungen verhindern können."

„Gute Idee!", riefen die Tiere aufgeregt und machten sich ans Werk.

Das Chamäleon, der Papagei und der Jaguar tauschten sich über die Menschen aus.

„Die Menschen sind so viele, und unberechenbar, und grausam", jammerte der Papagei verzweifelt. „Wie sollen wir dem nur Herr werden?"

„Wir müssen uns auf unsere Stärken konzentrieren", meinte der Jaguar. „Wir sind schnell, gewandt, trickreich und kraftvoll. Und anpassungsfähig."

„Ja, das ist der Schlüssel", stimmte das Chamäleon zu. „Wir müssen uns daran anpassen, was die Menschen vorhaben."

„Dann lasst uns auflisten, welche Informationen wir dafür benötigen", schlug der Papagei vor.

„Wir sollten erstmal wissen, wo sie sich befinden."

„Wohin sie sich ausbreiten."

„Was ihre Pläne sind."

„Welche Werkzeuge sie dabei haben."

„Was sie in anderen Dschungeln angerichtet haben."

„Wie wir ihnen Steine in den Weg legen können."

„Wo sie nachts ihr Lager aufschlagen."

„Das ist gut", befand der Papagei. „Wenn wir all diese Informationen sammeln, dann bin ich zuversichtlich."

Zur gleichen Zeit diskutierte der Bär mit dem Elefanten.

„Wir müssen so schnell wie möglich wissen, wenn Nahrungsmittel irgendwo im Dschungel knapp werden", brummte der Bär.

„Und die Ursachen dafür verstehen, damit wir sie beheben können", ergänzte der Elefant.

„Gut wäre es, eine Übersicht zu haben, welche Arten von Nahrung wir in welchem Umfang wo in unserem Dschungel verfügbar haben."

„Ja, genau", freute sich der Elefant. „Und dann sollten wir herausfinden, warum es an manchen Orten mehr Nahrungsmittel gibt als anderswo."

Der Bär legte grüblerisch die Stirn in Falten. „Und wenn wir dann noch wüssten, welche Tiere wie viel Nahrung vertilgen ..."

„... dann könnten wir berechnen, wann welche Nahrungsmittel knapp werden."

Freudig klatschte der Bär mit dem Stoßzahn des Elefanten ab: „Wir sind ein gutes Team!"

Etwas abseits der Lichtung steckten das Nashorn, der Gepard und der Affe die Köpfe zusammen.

„Aber woher wissen wir, wann eine Naturkatastrophe bevorsteht?", rätselte der Affe.

„Manche Tiere spüren ein Erdbeben lange vorher", sagte das Nashorn.

„Und Vulkanausbrüche auch", fügte der Gepard hinzu.

„Wir müssen also dafür sorgen, dass diese Tiere nicht einfach flüchten und uns mit dem Schlamassel allein lassen, sondern die Information verbreiten, damit alle sich darauf vorbereiten können", schloss das Nashorn.

Der Affe war begeistert: „Ein Frühwarnsystem!"

„Wir müssten lediglich wissen, wann und wo die Katastrophe zuschlägt", murmelte der Gepard.

„Kommt, lasst uns eine Liste der Tiere machen, die Erdbeben und Vulkanausbrüche spüren können ..."

Das Faultier und die Schlange bildeten die letzte Gruppe.

„In der Ruhe liegt die Kraft", meinte das Faultier. „Dann wird man auch nicht krank."

„Aber vor ansteckenden Krankheiten ist man nie gefeit", zischte die Schlange.

„Also müssten wir herausfinden, wo ansteckende Krankheiten ausbrechen."

„Genau, und wenn wir das wissen, können wir diese Regionen des Dschungels bewusst meiden."

„Dann steckt sich auch niemand mehr an!"

Die Tiere des Dschungels trafen sich ein weiteres Mal auf ihrer Lichtung, um die Ergebnisse der vier Gruppen auszutauschen. Sie waren aufgeregt und begeistert.

„Jetzt kennt jeder von uns die Informationen, die wir zusammentragen müssen, um unsere Ziele zu erreichen", fasste der Elefant zusammen. „Jeder Einzelne von euch hat nun die Aufgabe, diese Informationen zu sammeln und mit den anderen zu teilen. So sichern wir unser Überleben."

Die Tiere zogen los in ihr Revier. Und sie begannen, Informationen zu sammeln.

*Praxistransfer:*

Eine erfolgreiche Datennutzung braucht eine gemeinsame Strategie und Richtung. Im vorherigen Kapitel haben wir bereits gesehen, dass eine Strategie klar benannte und einvernehmlich vereinbarte Ziele benötigt.

Um eine gute Datenstrategie zu konkretisieren, ist es weiterhin nötig, diese Ziele auf greifbarere Teilziele herunterzubrechen.

Sie möchten beispielsweise das Ziel verfolgen, als datengetriebenes Unternehmen Ihre Wettbewerbsfähigkeit zu erhalten? Daraus lassen sich diverse Teilziele ableiten, zum Beispiel Kostensenkung, Umsatzsteigerung, eine Erhöhung der Gewinnmargen oder die Erschließung neuer Produkte oder Services.

Die konkreten Teilziele helfen Ihnen dabei, sich tiefere Gedanken zu machen, welche Daten Sie zur Erreichung Ihrer Ziele benötigen.

Binden Sie Ihre Kollegen gerne in diesen Prozess ein, etwa in Form von interaktiven Breakout Sessions. So identifizieren sich die Beteiligten von Beginn an mit den gemeinsam erarbeiteten Teilzielen, und mehr Köpfe führen in der Regel zu mehr Kreativität und Weitsicht.

Letztendlich geht es darum, aus den groben Zielen einen konkreten Aktionsplan abzuleiten, der präzise, aufgabenorientiert und idealerweise auch messbar ist.

Sie kennen Ihre Unternehmensziele am besten. Welche datenbezogenen Ziele können Sie daraus ableiten? Wie können Sie deren Erreichung quantitativ und qualitativ messen?

## Die Magie des Waldes

Die Tiere begannen, jeden Tag aufs Neue Informationen zu sammeln. Die Vögel beobachteten aus ihren luftigen Höhen die Bewegungen der Menschen. Die Raubkatzen tauschten sich aus, wo sie Beute reißen konnten. Unerwartete Schwingungen der Erde wurden sofort mitgeteilt. Und die Tiere meldeten jedwede Erkrankung.

Doch schon bald schwirrte ihnen allen der Kopf.

Jammernd setzte sich der Papagei auf die Nasenspitze des Nashorns und machte seiner Enttäuschung Luft. „Ich hab mir das total anders vorgestellt."

„Ja, ich auch."

„Irgendwie funktioniert es ja …"

„… und irgendwie doch nicht", erwiderte das Nashorn.

„Aber was machen wir falsch?"

Das Nashorn überlegte lange, ehe es antwortete: „Unser Vorhaben ist gut. Davon bin ich überzeugt. Jedoch ist es viel Arbeit, all diese Informationen zusammenzutragen. Und sie auszuwerten."

„Das stimmt. Mich würde interessieren, was die anderen darüber denken."

„Dann flieg noch einmal los, tapferer Papagei, und trommle die Tiere zusammen. Mir scheint, als wäre eine erneute Beratung auf der Sonnenlichtung vonnöten."

Und wieder folgten die Tiere dem Ruf des Papageien. Sie alle versammelten sich auf der Sonnenlichtung im Herzen des Waldes. Selbst der Tiger war gekommen, weil er neugierig war, wie das Vorhaben funktionierte. Und das Jammern und Klagen nahm kein Ende.

„Ständig werde ich informiert, wo der Gepard und der Jaguar fette Beute reißen!"

„Und ich höre immer nur von Trinkstellen, die so weit von meinem Revier entfernt sind, dass ich bereits verdurstet wäre, ehe ich dort ankomme."

„Ich werde schon ganz krank von den ganzen Krankheiten, von denen ich den lieben langen Tag höre!"

„Wisst ihr, was mich krank macht? Diese ganze Hatz! Ich bin mehr damit beschäftigt, Informationen zu sammeln, als Nahrung!"

„Das stimmt", nickte das Faultier eifrig. „Das ist furchtbar. So ein Aufwand! Man kommt ja zu gar nichts mehr. Nicht mal mehr zu einem gepflegten Nickerchen!"

„Und dann noch die Weitergabe der Informationen", stöhnte die Schlange. „Ich bin schon ganz heiser von all dem Gezische und Geflüster!"

„Und bis mich die Informationen erreichen, sind sie so alt, dass sie mir nicht mehr weiterhelfen."

Der Tiger lächelte besserwisserisch. „Ich hab es euch doch gleich gesagt. Verlasst euch auf eure eigene Stärke. Und vergesst endlich den ganzen Firlefanz!" Und mit diesen Worten trottete er desinteressiert davon und ließ die Tiere des Dschungels in ihrem Elend zurück.

Zustimmendes Geflüster breitete sich über der Sonnenlichtung aus. Der Papagei schlug sich verbittert die kunterbunten Flügel über die Augen. *Unser Vorhaben ist gescheitert*, dachte er niedergeschlagen.

„Ich glaube, dass der Tiger unrecht hat!", donnerte der Elefant mit fester Stimme. „Wollt ihr wirklich all die großartigen Ideen sofort verwerfen, nur weil der Beginn etwas holprig ist?" Die anderen Tiere wichen verlegen dem mahnenden Blick seiner weisen Augen aus.

Das Nashorn räusperte sich. „Dann sollten wir uns wohl den Herausforderungen stellen."

„Wenn ich es richtig verstehe, haben wir drei Probleme", fasste der Elefant zusammen. „Es ist zu aufwändig, die Informationen zu sammeln. Sie kommen zu spät bei denen an, die sie brauchen. Und wir bekommen zu viele Informationen, die wir gar nicht benötigen. Ist das korrekt?"

Die Tiere nickten einhellig. Und sie begannen zu grübeln, wie man dies lösen konnte. Sie debattierten, bis die Dunkelheit über die Sonnenlichtung zog. Doch sie fanden keinen Ausweg.

Es war schon finster, als der Papagei enttäuscht die Versammlung beendete. Sie waren gescheitert. Es gab keine Lösung für ihre Misere. Aber einfach so weitermachen, das wollten sie auch nicht.

Plötzlich erhellte ein zauberhaftes Licht die Sonnenlichtung, das so strahlend weiß war, wie sie es noch nie gesehen hatten. Aber so warm, dass es trotzdem nicht in ihren Augen schmerzte.

Angestrengt starrten die Tiere in die Richtung des Lichts, aber sie konnten nichts erkennen. Nur den leisen Gesang von hellen Stimmen hörten sie, so rein und klar wie der sanfte Morgentau.

Dann trat das Einhorn in die Lichtung, und um ihre Hufe erblühten Blumen. Staunend starrten die Tiere des Waldes auf das legendäre Fabelwesen, von denen sie alle dachten, es sei ein Märchen.

Mit geschmeidigen Schritten lief das funkelnde Geschöpf in das Zentrum der Lichtung. Das spitze Horn blitzte im Mondschein. Die gutmütigen Augen betrachteten die ehrfürchtigen

Tiere, und sie alle senkten den Kopf vor der majestätischen Gestalt.

„Ich habe von eurem Vorhaben gehört." Die sanftmütige Stimme verzauberte die Tiere und erwärmte ihnen Seelen und Herzen. „Es zeugt von außerordentlichem Mut, auszuziehen und die Welt zu verändern. Und so mache ich euch die Magie der Natur zum Geschenk." Erhaben senkte das Einhorn den Kopf und berührte mit seinem Horn den moosigen Boden des Waldes. Und der Zauber des Einhorns floss in die Wurzeln des Dschungels.

Die Pflanzen begannen sich zu vernetzen. Magie wob unsichtbare Fäden in den Tiefen der Erde. Die Gewächse des Urwalds wurden eins.

„Nun seid ihr verknüpft mit den Wurzeln der Erde. Schnell wie der Wind werden die Pflanzen die Informationen erfassen. Und sie verteilen wie ein Lauffeuer."

Stolz nickte das Einhorn den dankbaren Tieren ein letztes Mal zu. Und ehe sie aus ihrer ehrfürchtigen Trance erwachten, war es verschwunden.

Der Elefant schluckte, um den Zauber des Einhorns aus seinen vernebelten Sinnen zu vertreiben. „Dann lasst uns loslegen!", trompetete er lachend. Und die Tiere des Dschungels brachen in Jubelstürme aus.

*Praxistransfer:*

Die Herausforderung der Tiere in diesem Kapitel ist keine Seltenheit: ein zu hoher Grad an manuellen Abläufen, und eine ziellose Verteilung von Informationen im grenzenlosen Überfluss.

Die Kernaussage dieser Erfahrungen ist ebenso klar wie offensichtlich.

Sie sollten Informationen nicht ziellos im Gießkannenprinzip an alle Kollegen verteilen, ohne deren Relevanz zu prüfen. Das Zauberwort lautet: Zielgruppenorientierung. Es ist wichtig, dass jeder die Möglichkeit hat, die Informationen zu bekommen, die er benötigt. Aber wenn Sie das gesamte Unternehmen wahllos mit Daten überfluten, ist es schwer, den Wald vor lauter Bäumen zu sehen – und die wirklich wichtigen Informationen gehen unter und werden nicht verwendet.

Versuchen Sie zudem, manuelle Prozesse soweit wie möglich zu vermeiden. Denken Sie dabei nicht nur an die nächtlichen Datenflüsse, die es vermutlich in jedem Unternehmen bereits gibt. Suchen Sie auch nach den manuellen Datenaufbereitungen, bei denen ambitionierte Anwender sich Daten aus Reports oder aus dem Datawarehouse herunterladen, um sie manuell in Programmen wie Access oder Excel weiterzuverarbeiten. Fragen Sie sich stets, was das Ziel der manuellen Abläufe ist, und wenn diese regelmäßig durchgeführt werden, prüfen Sie, ob man sie nicht automatisieren kann.

Ein hoher Automatisierungsgrad ist der Schlüssel zu Effizienz und zur verteilten Nutzung von Daten, die ein datengetriebenes Unternehmen auszeichnen.

Glücklicherweise benötigen Sie kein magisches Einhorn, um diesen Herausforderungen Herr zu werden. Es gibt zahlreiche ausgereifte Werkzeuge auf dem Markt, die Sie effizient und qualitativ hochwertig dabei unterstützen, Ihre Datenflüsse zu automatisieren und auch Ihren Anwendern fundierte und wiederverwendbare Möglichkeiten zur Datenaufbereitung und zur eigenständigen Entwicklung von Dashboards und Reports zur Verfügung zu stellen.

Nutzen Sie diese Angebote – sie sind das Fundament, auf dem ein datengetriebenes Unternehmen aufgebaut wird.

Wo sind in Ihrem Unternehmen die wiederkehrenden manuellen Aufwände versteckt, bei denen es noch Optimierungsmöglichkeiten gibt?

# Die visuelle Revolution

Begeistert stellten die Tiere fest, welch unglaubliches Geschenk das Einhorn ihnen gemacht hatte. Die Bewohner des Dschungels liefen mit einem breiten Grinsen durch das Unterholz. „Es ist der helle Wahnsinn", brummte der Bär mit funkelnden Augen. „Sobald ich irgendwo Honig schlecke, bekommen es die Bäume mit und übertragen die Information durch ihre Wurzeln." Das Faultier konnte sein Glück nicht fassen. „Endlich habe ich wieder Zeit für einen ausgiebigen Mittagsschlaf. Und die Äste scheinen zu spüren, wo ich ein ungefährdetes Nickerchen machen kann, und geben diese Information sofort weiter."

Auch der Papagei flatterte fröhlich über den Baumwipfeln und beobachtete zufrieden, wie der Zauber der Natur seine volle Wirkung entfaltete. Alles war mit einem Mal so einfach, so geschmeidig, so magisch. „Und ich wollte schon die Flinte ins Korn werfen. Der Elefant hatte recht! Man darf niemals aufgeben!" Neugierig begutachtete er die Blätter in den Baumwipfeln, welche ständig ihre Farben veränderten. In prächtigen Mustern stellten sie die Informationen dar, die über das vernetzte Wurzelsystem des Urwalds gesammelt und verteilt wurden.

Eines Tages streifte der Jaguar durch den Dschungel. Es war ein heißer Vormittag. Die sengende Sonne brannte erbarmungslos vom Himmel. Müde schleppte er sich von Schatten und zu Schatten. Viele der üblichen Trinkstellen waren bereits ausgetrocknet. Das kraftvolle Tier lechzte nach Wasser.

Schließlich fand er etwas abseits einer Lichtung eine verlassene Wasserstelle. Suchend blickte der Jaguar zu den Baumkronen hinauf. Die Blätter funkelten in roten Farben zu ihm hinab. „Endlich!", knurrte er erleichtert. „Das ist das Signal, das mich auf diese Trinkstelle aufmerksam macht." Rasch steckte er seine Schnauze in das kühle Nass und schlürfte gierig das erfrischende

Wasser in seine Kehle. Es schmeckte etwas brackig, aber der Durstlöscher tat dennoch gut.

Als der Jaguar am nächsten Morgen erwachte, stöhnte er schmerzvoll auf. Sein Magen krampfte sich zusammen und quälte ihn. Er verstand die Welt nicht mehr. *Das Wasser kann es nicht gewesen sein. Schließlich hat unser Informationssystem mich zu dieser Wasserstelle geführt. Aber was war es dann?* Der Jaguar wollte aufstehen, aber es ging nicht. Er krümmte sich vor Schmerzen.

Da kam zufällig das Faultier vorbei und beobachtete ihn neugierig. „Sag mal, Jaguar, du wirst doch nicht auch noch ein Faultier werden?"

„Ein Faultier? Ich?"

„Naja, so viel wie du lieg ja nicht mal ich in der Gegend herum."

Der Jaguar zeigte seine Reißzähne und stöhnte: „Sei froh, dass ich nicht aufstehen kann. Gern würde ich dem Herrn Faultier Manieren beibringen."

„Was ist denn passiert?"

„Ich weiß es nicht. An sich habe ich nur von dem Wasser dort drüben getrunken. Seitdem habe ich schreckliche Bauchschmerzen."

Das Faultier runzelte die Stirn: „Von dem Wasser dort?"

„Ja, natürlich."

„Na, das wundert mich dann aber nicht. Die Bäume haben die Wasserstelle ja auch rot markiert."

„Na klar, um hervorzuheben, dass es eine ganz besonders gute Wasserstelle ist."

„Aber rot ist doch eine Warnung, oder nicht?", fragte das Faultier.

„Na, das klingt aber nicht sehr logisch", ächzte der Jaguar.

„Gelbe Blätter heben die wirklich guten Wasserstellen hervor."

Da kam zufällig der Papagei vorbeigeflogen. „Das sieht ja gemütlich aus bei euch beiden. Ich leg mich auch gleich mit dazu."

„Wir liegen nicht", knurrte der Jaguar gereizt. „Wir leiden! Also, ich zumindest."

„Warum leidet ihr denn?"

„Ich hab dort von der Wasserstelle getrunken."

Der Papagei fiel aus allen Wolken. „Aber hast du denn die Warnung in den Baumkronen nicht gesehen? Rot ist eine eindeutige Warnung!"

„Sag ich doch", grinste das Faultier zufrieden.

„Ich trinke nur von grün markierten Wasserstellen. Die sind sicher!", flötete der Papagei.

„Wieso grün? Gelb sind doch die wirklich Guten!"

„Gelb? Da würde ich nicht mal meinen Schnabel drin putzen!"

Da dämmerte es dem Papagei. Seufzend schlug er sich den bunten Flügel auf die Stirn und rief: „Entschuldigt mich bitte! Dringende Geschäfte! Wir treffen uns morgen, wenn sie Sonne am höchsten steht, in der Sonnenlichtung!"

Und schon machte sich der Papagei auf den Weg, um die Tiere ein weiteres Mal in der Lichtung zu versammeln.

„Warum sind wir schon wieder hier?", fragte der Bär verwundert in die Runde. „Es läuft doch alles prima."

„Es läuft eben ganz und gar nichts prima", verkündete der Papagei mit vorwurfsvoller Stimme. „Das Einhorn hat uns ein unvergleichliches Geschenk gemacht, und wir sind zu dumm, es gebührend einzusetzen."

Protestierendes Gemurmel brodelte in der Sonnenlichtung. Mit dieser scharfzüngigen Aussage waren die Tiere nicht einverstanden.

„Also ich nutze die Informationen des Waldes Tag für Tag." Der Bär grinste verträumt. „Und nie hat der Honig besser geschmeckt."

Kopfschüttelnd stemmte der Papagei seine Flügel in die Hüften. „Wer von euch kann mir sagen, welches Muster die Baumkronen anzeigen, um uns vor einem nahenden Sturm zu warnen?"

Emsig reckten die Tiere ihre Pfoten, Tatzen und Hufe in die Höhe.

„Ich!"

„Ich!"

„Ich!", riefen sie überzeugt.

„Dann raus mit der Sprache", forderte der Papagei.

Von inbrünstiger Überzeugung erfüllt brüllten alle Tiere des Waldes wild durcheinander.

„Ein Viereck!"

„Ein Kreis!"

„Ein Dreieck!"

„Ein Quadrat!"

„Streifen!"

„Einen Versuch habt ihr noch." Der Papagei hatte beschlossen, den Finger noch tiefer in die Wunde zu legen. „Wer von euch kann mir sagen, mit welcher Farbe die Blätter uns vor drohender Gefahr warnen?"

Ein zweites Mal reckten die Tiere eifrig ihre Pfoten in die Höhe.

„Ich!"

„Ich!"

„Ich!", riefen sie überzeugt.

„Dann raus mit der Sprache", forderte der Papagei erneut.

Und die Tiere überschlugen sich beinahe, als Erster die richtige Antwort zu geben.

„Grün!"

„Blau!"

„Rot!"

„Gelb!"

„Pink!"

„Schwarz!"

„Orange!"

Der Papagei blickte ernst in die erschütterte Runde: „Was zu beweisen war!"

Es war das Nashorn, das als Erstes die Fassung zurückerlangte. „Jeder hat die Informationen auf seine Weise interpretiert!", stammelte es geschockt.

Der Elefant grub die Stoßzähne vor Scham in die Erde. „Wir haben keinerlei Standards, welche die Bedeutung der Informationen festlegen."

„Das müssen wir rasch ändern, ehe noch mehr passiert als ein verdorbener Magen!", rief der Gepard aufgeregt.

Da brach das schwer atmende Flusspferd durch das Dickicht und schleppte den leblosen Körper des Kaimanes hinter sich her. Blut strömte aus zwei tiefen Wunden in der grünen schuppigen Haut.

„Was ist geschehen?", stammelte der Papagei.

„Die Menschen!", keuchte das Flusspferd. „Es waren die Menschen!"

„Ist er noch am Leben?"

„Vorhin war er es noch. Er ist bewusstlos im Fluss getrieben."

Eilig untersuchten die Tiere den Kaiman. Doch sein wackeres Herz schlug nicht mehr.

„Oh nein", schluchzte der Papagei. „Nicht schon wieder! Bitte, bitte nicht!"

„Wie konnte das geschehen?", fragte der kreidebleiche Elefant.

„Gestern hat er mir noch erzählt, dass er sich endlich ohne Angst am Flussufer bewegen kann. Denn die Baumkronen zeigen ihm an, wo sich noch keine Menschen aufhalten." Vorwurfsvoll ließ das Flusspferd seine funkensprühenden Augen durch die Runde schweifen. „Da seht ihr, was ihr von euren neuen Ideen habt!" Und mit grimmigem Gesicht stapfte das Hippo davon.

Andächtig begruben die Tiere des Dschungels den schweren Körper des Kaimanes in einer sternenklaren Nacht. Und als ihre bitteren Tränen versiegt waren, gaben sie dem farbenprächtigen Schauspiel des Dschungels eine Bedeutung. Unermüdlich stimmten sie Farben und Muster miteinander ab und ritzten die Ergebnisse in einen uralten Fels am Rande der Lichtung, so dass sie auf ewig überdauerten. Und sie hofften, dass diese Maßnahme weiteres Leid verhindern würde.

*Praxistransfer:*
Es ist von immenser Bedeutung, hochwertige Daten zur Verfügung zu stellen.

Und doch sind diese Daten nichts wert, wenn man sie nicht korrekt interpretieren kann. Sie können gar gefährlich sein, wenn man im Irrglauben die falschen Schlüsse aus ihnen zieht. Der Jaguar musste das schmerzlich am eigenen Leib erfahren. Und der Kaiman hat seine Fehlinterpretationen gar auf dramatische Weise mit dem Leben bezahlt.

Am Ende dieses Kapitels haben die Tiere des Dschungels gemeinsame Visualisierungsstandards erarbeitet. Sie haben eine Notation festgehalten, wie sie Informationen darstellen wollen und wie die dargestellten Informationen zu interpretieren sind.

Wo die Baumkronen mit Mustern arbeiten, verwenden Data & Analytics-Teams moderne Diagrammtypen, um Daten eine Bedeutung zu geben. Visuelle Darstellungen in Form von Diagrammen, Karten oder Grafiken sind in der Lage, wichtige Trends greifbar hervorzuheben.

Aber die Visualisierung von Informationen ist kein Selbstläufer. Ihre Visualisierungsstandards sollten deshalb klare Empfehlungen beinhalten, welche Darstellungsform in welchem Fall die bestmögliche Aussagekraft ermöglicht und klare Regeln definieren, wie Sie auf ansprechende Weise eine präzise und unverfälschte Botschaft vermitteln wollen.

Und auch in einem datengetriebenen Unternehmen ist es ratsam, sich auf die Bedeutung von Farben zu einigen. Welche Farbe bekommen negative und positive Abweichungen? Wie werden Planwerte von Istwerten unterschieden? Der letzte Kniff der Tiere war, die Visualisierungsstandards nicht einfach nur mündlich abzustimmen. Nein, die Tiere haben die definierten Standards schriftlich festgehalten. Ein hilfreiches Nachschlagewerk für die Zukunft, um jedwede Missverständnisse zu vermeiden. Nun sind die Bewohner des Dschungels gewappnet, die hochwertigen Daten konsistent zu verwerten. Zögern Sie nicht, und verleihen Sie auch Ihren Daten eine Bedeutung.

## Zusammenfassung Teil 1

Im Angesicht der Bedrohung ihres Lebensraums haben die Tiere des Waldes die ersten Weichen für einen datengetriebenen Dschungel gestellt.

Sie haben auf die Disruption ihrer sich verändernden Umgebung reagiert und erkannt, dass sie ohne bessere Informationen nicht überleben können.

Resultierend aus dieser Erkenntnis definierten sie eine klare Zielsetzung, die sie anschließend in aktionsfähige Teilziele herunterbrachen.

Das Geschenk der Automatisierung und die Definition von gemeinsamen Visualisierungsstandards haben sie schließlich in die Lage versetzt, Informationen zu gewinnen und zu interpretieren. Der erste Schritt in Richtung eines datengetriebenen Dschungels.

# Teil 2

… in dem die Tiere des Waldes ein starkes Fundament aufsetzen, auf dem die Entwicklung einer Datenkultur in ihrem Dschungel möglich ist.

## Die Akademie der Delfine

Mit grimmigem Gesicht schwang sich der Orang-Utan durch die Baumwipfel. Sein Magen knurrte. Er war müde. Und er konnte einfach nicht verstehen, wie sich der Wald so rasch verändert hatte.

Er war ein schlaues Tier. Jeden Baum in seinem mehrere Quadratkilometer umfassenden Revier kannte er beim Namen. Er hatte stets gewusst, welche Blätter man essen kann, welche Pflanzen über Heilkräfte verfügen, und wann welche Früchte von welchem Baum besonders reif und schmackhaft waren. Ja, um ihn hatte man sich keine Sorgen machen müssen. Bis die Welt von einem auf den anderen Tag begann, verrückt zu spielen …

Verzweifelt zog der Tapir seinen Rüssel über die feuchte Erde. Er war verwirrt. Beständigkeit war ihm das Wichtigste. Und viele Jahre lang war er der Einzige gewesen, der von diesen tollen Futterstellen am Flussufer wusste. Seit einigen Wochen aber war es wie verhext. Seine geheimsten Verstecke wurden von gefräßigen Konkurrenten geräubert. Der Tapir konnte sich das nicht erklären. Woher schienen plötzlich alle zu wissen, wo es die beste Nahrung gibt? Wo doch bislang niemand in der Lage gewesen war, seine feine Nase zu übertrumpfen …

Genervt trampelte der Tapir durch das Unterholz.

„Wie verhext ist das hier!", fluchte er. „Als ob sich die ganze Welt gegen einen verschworen hätte …"

„Da muss ich dir Recht geben", ertönte plötzlich eine helle Stimme. Rasant schwang sich der Orang-Utan an einer Liane hinab und schüttelte den Kopf. „Nichts ist mehr, wie es war."

„Aber warum?", fragte der Tapir.

„Ich weiß es nicht", jammerte der Orang-Utan. „Aber ich bin froh, dass es anderen genauso geht."

„Mich würde ja mal interessieren, was da los ist."

„Hast du etwa auch gesehen, wie die Bäume mit einem Mal die Farben ihrer Blätter verändern?"

„Ich seh nicht so gut", grübelte der Tapir. „Aber jetzt wo du es sagst … Gespenstisch ist das, findest du nicht?"

„Ja. Gespenstisch. Und merkwürdig. Warum sollten die Blätter ihre Farben ändern?"

„Farben … Wenn das meine einzige Sorge wäre."

Vorwurfsvoll starrte der Orang-Utan ihn an und hob belehrend den Zeigefinger in die Höhe. „Wusstest du, dass ich hunderte Pflanzen nur am Grünton ihrer Blätter erkennen kann? So wähle ich meine Mahlzeiten aus. Nur das Beste für den Orang-Utan!"

„Und was passiert dann?"

„Seit zwei Wochen ist der Wald verrückt geworden, mein Freund! Ich erspähe ein leckeres Blatt, schwinge mich da hin wie ein Turnweltmeister, will gerade reinbeißen … dann ändert das Blatt von einer Sekunde auf die nächste die Farbe!"

„Na und? Dann beiß doch trotzdem rein."

Der Orang-Utan tippte sich wild an die Stirn. „Bist du verrückt? Einfach reinbeißen? Wer weiß denn schon, was ich dann esse?"

„Du hast Probleme …", murmelte der Tapir mit einem mutlosen Kopfschütteln. „Was soll ich denn da sagen? Ich finde gar kein gescheites Fressen mehr. Weil mir ständig die besten Leckerbissen vor der Nase weggeschnappt werden. So als wüsste jemand einfach alles. Alles!"

„So können wir doch nicht weitermachen!", ereiferte sich der Orang-Utan.

„Ja, wir müssen etwas dagegen unternehmen."

„Aber wogegen denn?"

„Das gilt es herauszufinden!"

Suchend streifte das ungleiche Paar durch den Dschungel. Der Tapir und der Orang-Utan entfernten sich so weit von ihrem Revier, wie nie zuvor in ihrem Leben.

Bis sie schließlich eines schönen Abends auf einer traumhaften Lichtung standen. Die glutrote Sonne tauchte das ruhige Fleckchen Erde in ein gleißendes Orange. Sie spürten sofort die geheimnisvolle Magie, die von diesem Ort ausging.

„Schau mal, hier!", zeigte der Orang-Utan mit weit aufgerissenem Mund.

„Was soll das sein? Ein Felsen?"

„Ja, aber hier hat jemand reingeschrieben."

„Da steht etwas von Mustern. Und Farben. Was hat das alles zu bedeuten?"

Mit einem Mal ließ sich ein kleiner Papagei auf dem Felsen nieder und glotzte den Tapir und den Orang-Utan fragend an. „An euch haben wir gar nicht gedacht", murmelte er nickend. „Gut, dass ihr hier seid …"

„Was geht hier vor?"

„Was hat das alles zu bedeuten?"

„Setzt euch", sprach der Papagei. „Ich werde euch die unglaublichste Geschichte dieses Dschungels erzählen …"

Als der Papagei geendet hatte, blickten der Orang-Utan und der Tapir ihn mit weit aufgerissenen Augen an.

„Das also ist des Rätsels Lösung …"

„Darauf wäre ich nie gekommen!"

Aber ihr Erstaunen wich rasch einer wachsenden Sorge.

„Wenn diese Informationen einigen Tieren zur Verfügung stehen, aber uns nicht …", grübelte der Orang-Utan.

„... dann werden wir verhungern, weil wir kein Essen mehr finden!", ergänzte der Tapir verbissen.

„Die Tiere kennen sich alle schon bestens damit aus!"

„Diesen Rückstand holen wir doch nie mehr auf!"

Besorgt runzelte der Papagei die Stirn. „Ihr habt ja recht, aber so war das nie gedacht. Uns ging es stets um alle Tiere des Dschungels. Wir wollten eine bessere Welt für alle schaffen, und nicht, dass jemand wegen uns verhungert."

„Dann hättet ihr uns nicht vergessen sollen!", polterte der Orang-Utan.

Die beiden taten dem Papagei leid. Die Bilder der tödlichen Wunden des Kaimans waren noch zu stark in sein Gehirn eingebrannt, um die fatalen Folgen der Unwissenheit zu unterschätzen. Fieberhaft suchte er nach einer Lösung.

„Wir müssen einen Weg finden, allen Tieren des Dschungels Zugang zu unserem Vorhaben zu gewähren ..."

Der Tapir und der Orang-Utan nickten eifrig.

„... und es muss eine Möglichkeit geben, den Rückstand aufzuholen, indem Neulingen alles haarklein erklärt wird."

„Aber dabei sollten wir nicht von anderen alltäglichen Dingen abgelenkt werden", überlegte der Orang-Utan.

„Und es muss schnell gehen", fand der Tapir.

„Ja", sagte der Papagei. „Aber wer kann so viele Informationen gut erklären?"

„Das muss ein schlaues Tier sein", rief der Orang-Utan, „wenn es alle Aspekte exzellent beherrschen soll."

„Und es muss ein freundliches Wesen sein, bei dem man sich wohlfühlt und gerne lernt."

Nachdenklich legte der Papagei seinen bunten Flügel an die Schnabelspitze. „Wir suchen also ein kluges und freundliches Tier, das etwas abgeschieden in einer lernförderlichen Umgebung lebt."

Die drei dachten einen Augenblick über dieses Profil nach.

„Die Delfinlagune!", platzten sie alle auf einmal wie aus einem Munde heraus.

44

Und so flatterte der Papagei den langen Weg zur Delfinlagune.

„Papagei, schön dich zu sehen", begrüßte der Delfin den seltenen Besucher. „Was führt dich zu mir?"

„Erinnerst du dich noch an unser Vorhaben mit den Informationen?"

„Natürlich", lächelte der Delfin. „Leider vermag ich euer Treffen in der Sonnenlichtung nicht beizuwohnen, da ich die Lagune nicht verlassen kann. Aber ich verfolge euer Projekt mit großem Interesse. Und ich habe die Veränderungen in den Wurzeln des Waldes bis in die Wellen meiner Lagune gespürt."

„Möchtest du Teil unseres Vorhabens werden?"

Erstaunt blickte der Delfin den Papagei an. „Wie soll das gehen? Ich bin nicht so frei und ungebunden wie ihr und kann mein Element nicht verlassen, um mich mit euch zu besprechen."

Da erzählte der Papagei von den Sorgen des Tapirs und des Orang-Utans.

Die Augen des Delfins leuchteten: „Wir könnten hier in meiner Lagune eine Akademie für die Tiere des Dschungels gründen!"

Der Papagei lächelte, als er die Begeisterung sah: „Das wäre wunderbar!"

Der Delfin verneigte sich feierlich. „Es wäre mir eine Ehre, den Tieren die Geheimnisse unseres Waldes zu lehren."

*Praxistransfer:*

Eine aufstrebende Datenkultur verändert den Alltag vieler Kollegen – und einigen Mitarbeitenden wird dieser Wandel schwerfallen.

Es ist leicht, die Frontrunner von Ihrem Vorhaben zu begeistern. Sie schwimmen auf der ersten Welle mit, sind neugierig und wissbegierig, gute Piloten für neue Ideen und den angestrebten kulturellen Wandel.

Und dabei bleiben die Anhänger von Stabilität und Gewohnheit auf der Strecke. Wie binden Sie diejenigen ein, die dem

Wandel nicht von Beginn an etwas abgewinnen können, die den Mehrwert noch nicht zu greifen vermögen, die an alteingesessenen, aber bekannten und erprobten Abläufen hängen? Um datengetrieben zu werden, müssen Schritt für Schritt alle Beteiligten ein Grundverständnis entwickeln. Was ist mit Daten möglich? Warum ist diese Veränderung nötig? Welchen Mehrwert kann das bringen? Was ist die Rolle des Einzelnen dabei? Und wie kann er auf der Woge mitschwimmen, ohne den Anschluss zu verlieren?

Aber nur mit Verständnis wird man nicht datengetrieben. Es fehlt ein zweiter essenzieller Baustein: die Fähigkeiten. Die Kollegen müssen die Möglichkeit haben, zu lernen, wie sie die angebotenen Werkzeuge, Berichte und Informationen gewinnbringend einsetzen können.

Die Kombination aus gemeinsamem Verständnis und den notwendigen Fähigkeiten – die Data Literacy – sind die Grundfesten der Datenkultur. Ein Kulturwandel kann nicht befohlen oder erzwungen werden. Man muss ihn sorgfältig säen, wachsen und reifen lassen und beständig ernten.

Wichtig dabei ist, zielgruppengerechte Data Literacy-Angebote zu schaffen. Bieten Sie Basiskurse für Einsteiger an, aber geben Sie gleichermaßen erfahrenen Anwendern die Chance, ihre Datenkenntnisse weiterzuentwickeln und noch mehr aus ihren Daten herauszuholen. Denken Sie dabei nicht nur an technologische, sondern auch an Methodenkompetenz oder die Vermittlung von Standards.

Wenn Ihre Mitarbeitenden sowohl das Verständnis für die Potenziale als auch die benötigten Umsetzungsfähigkeiten entwickeln, ist Ihr Unternehmen bestens gerüstet, großen Mehrwert aus Ihren Daten zu generieren.

Welche Data Literacy-Zielgruppen sehen Sie in Ihrem Unternehmen? Was müssen diese Zielgruppen in Ihrer Akademie lernen, um Daten besser in ihre täglichen Arbeitsprozesse zu integrieren? Wie können Ihre Schulungsangebote einen greifbaren Mehrwert für Ihre Mitarbeitenden schaffen?

## Das Machtwort des Elefanten

Mit verzerrtem Mund hielt sich der Papagei den kunterbunten Bauch: „Meine Güte. Ich platze!" Aber die Informationen in den Baumkronen zeigten ihm unmissverständlich an, dass die Nahrungsaufnahme noch nicht beendet war. „Mann oh Mann, das kann doch nicht sein!"

Nachdenklich runzelte der Papagei die Stirn. „Was ist, wenn die Informationen gar nicht korrekt sind?", murmelte er. „Das wäre ja fatal. Irgendwann platze ich wirklich. Und das nur, weil die Wurzeln einen Fehler gemacht haben!"

Sofort schob er sein Essen zur Seite, setzte sich auf einen Ast und beobachte argwöhnisch die vielen hilfreichen Tipps, die in den Baumkronen dargestellt wurden.

Plötzlich hörte er einen entrüsteten Schrei. „Verflucht nochmal, das darf doch nicht wahr sein! Nicht schon wieder! So eine verdammte …"

„Na, na, na", beschwichtigte der Papagei. „Wir werden doch nicht fluchen."

„Diese Äste … nicht auszuhalten!", rief das Faultier ungehalten. „Die machen mich noch wahnsinnig."

Träge machte sich der Papagei auf den Weg zum nächsten Ast, an dem das mit dunklen Augenringen gezeichnete Faultier kopfüber baumelte.

„Was bringt dich denn so auf die Palme?"

Grimmig blickte das Faultier die Äste an. „Sie lassen mich nicht schlafen", jammerte es. „Ständig wecken sie mich wieder auf!"

Der Papagei grübelte. *Ich muss zu viel essen, das Faultier darf nicht schlafen. Was ist da nur los? Wie hängt das zusammen? Der ganze Dschungel spielt verrückt!*

Die Äste und Bäume erzitterten. Ein lautes Rascheln riss ihn aus seinen Gedanken. Panisch sah sich der Papagei um. Da donnerte der Elefant aus dem Dickicht. Die Stoßzähne schillerten in der Mittagssonne. Seine Augen waren riesig. Der Rüssel bebte. „Schnell, wir müssen hier verschwinden!" Das Herz des Papageien setzte einen Schlag aus. *Wenn der Elefant Angst hat, sieht es übel aus!*

„Was ist denn passiert? Wieso die Hektik?", fragte das Faultier, dessen Müdigkeit mit einem Mal verflogen war.

„Menschen!", knurrte der Elefant.

Das Faultier ließ sich geschickt von seinem Ast gleiten und setzte sich auf den Rücken des Elefanten. Der Papagei schwang sich in die Luft.

Der Elefant stapfte sofort los. „Da lang!"

„Ich wusste gar nicht ... dass die Menschen ... schon so weit vorgedrungen sind", stammelte der Papagei zwischen seinen hastigen Atemzügen.

Die Miene des Elefanten wurde todernst. „Ich auch nicht. Der Urwald hätte uns warnen sollen!"

Rasch blickten sie in die Baumkronen. Und was sie dort sahen, ließ ihnen das Blut in den Adern gefrieren.

„Sie kommen näher!", kreischte das Faultier.

Hastig schaute sich der Elefant um. „Hier entlang! Dort können wir uns verstecken!"

Sie eilten auf ein gigantisches Gebüsch zu, eine Mauer aus Ranken und Farnen, groß genug, selbst einen ausgewachsenen Elefanten zu verbergen.

Zitternd kauerten sie in ihrem Versteck, versuchten, ihren rasenden Atem zu beruhigen. Und lauschten. In der Ferne hörten sie Schritte im Gras rascheln. Vorsichtig spitzten sie durch die Zweige.

„Hi, hi, hi, hi!", hallte es durch den Dschungel.

Verdutzt sah der Elefant das Faultier und den Papagei an. „Die werden sich wundern!"

Da erspähten die scharfen Augen des Papageien die haarigen Gestalten, die grinsend durch den Wald tollten. „Die können was erleben!"

Wutentbrannt polterte der Elefant aus dem Versteck und baute sich mit seiner imposanten Statur vor den sieben Affen auf, die ihn albern kichernd anstarrten. „Hehe, der Elefant scheint ein Taxi zu sein. Er trägt ein Faultier auf seinem Rücken herum!"

„Euch wird das Lachen gleich vergehen!", grollte der Elefant und senkte drohend die Stoßzähne. Das Kichern verstummte. „Was glaubt ihr eigentlich, was ihr hier macht?"

„Spaß haben. Was denn sonst?"

Der Elefant musterte die Affen, die zerlumpte und zerfetzte Menschenschuhe an ihren Füßen trugen. „Mir wird es gleich Spaß machen, euch Einfaltspinsel zu verhauen!"

„Macht doch einfach mit", schlugen die Affen vor. „Es ist wirklich köstlich, den ganzen Dschungel auf Trab zu halten."

„Ich … verstehe nicht …", überlegte das Faultier.

„Zuerst haben wir es beim Essen gemerkt", erklärten die Affen. „Wenn man so tut, als ob man isst, aber eben nur so tut, dann verwirrt das unser großartiges Informationssystem. Die Schlange wäre fast geplatzt, so viel hat sie sich reingeschlungen, weil die Baumkronen immer wieder gesagt haben, sie muss mehr essen."

„Ihr verwirrt unsere Informationen?", rief der Papagei entrüstet und stemmte seine Flügel in die Hüften.

„Na klar, das macht riesigen Spaß. Und ist ganz einfach. Schaut euch doch nur mal die Augenringe des Faultiers an!"

„Das wart auch ihr?", seufzte das Faultier.

Das schadenfrohe Kichern der Affen war Antwort genug.

„Und mit den Schuhen habt ihr uns Glauben gemacht, dass die Menschen hierher unterwegs sind", folgerte der Elefant.

„Na klaro. Ach, wie panisch ihr geflüchtet seid!"

„Ich geb euch gleich einen Grund zum Flüchten!", brummte der Elefant. „Aber auf der anderen Seite habt ihr durch euren unerhörten Schabernack eine wichtige Lücke in unserem Plan aufgedeckt."

„Aber was sollen wir dagegen unternehmen?", jammerte der Papagei. „Wenn man die Qualität der Informationen so einfach beeinflussen kann, können wir dem Dschungel doch nie wieder vertrauen!"

„Doch", sagte der Elefant. „Das werden wir. Ich hab da eine Idee." In sich gekehrt machte er sich auf den Weg in die Delfinlagune. Und die anderen Tiere folgten ihm.

„Hallo, Delfin", grüßte der Dickhäuter. „Wie läuft deine Akademie?"

„Sehr gut, wir haben viele interessierte Besucher. Was führt dich zu mir? Ob ich dich noch etwas lehren kann, weiß ich nicht."

Da erzählte der Elefant, was sie im Dschungel herausgefunden hatten. Die Affen wanden sich unter den vorwurfsvollen Blicken des Delfins.

„Das ist nicht gut. Wir hätten das bedenken sollen."

„Ja, man lernt nie aus", pflichtete der Elefant bei. „Aber ich habe eine Idee."

„Ich bin sehr gespannt."

„Der Kern des Problems ist, dass die Informationen automatisch entstehen."

„Aber das ist doch gut, so ist es weniger Arbeit!", fiel ihm das Faultier sogleich ins Wort.

„Das schon, aber niemand ist dafür zuständig, die Korrektheit der Informationen sicherzustellen."

Die Tiere schwiegen. Gespannt hingen sie dem Elefanten an den Lippen.

„Man kann die Automatismen deshalb verwirren, weil keine Prüfung erfolgt. Und sobald einer von uns wegen so Spaßvögeln wie unseren Affen hier eine schlechte Erfahrung gemacht hat, sinkt das Vertrauen in den Plan."

„Aber wie können wir das ändern?"

„Indem wir klare Zuständigkeiten festlegen", erklärte der Elefant mit fester Stimme.

„Und das soll funktionieren?", fragte der Papagei skeptisch.

„Wer kennt sich denn am besten mit Essen aus?"

Die Tiere überlegten kurz. „Also am verfressensten ist der Bär."

„Dann ist der Bär unser Nahrungsexperte. Und so sollte er auch dafür zuständig sein, die Qualität der Informationen zu diesem Thema sicherzustellen."

Die Tiere nickten eifrig.

„Und wer kennt die Bewegungen der Menschen am besten?"

„Die Geier oder die Adler. Aus der Luft sieht man am meisten."

„Na also, wer wäre dann besser geeignet, die Informationen zu den Menschen zu überprüfen?"

Die Tiere nickten immer mehr.

„Und wer kennt sich am besten mit dem Schlafen aus?"

Das Faultier kippte beinahe vornüber, so hastig riss es seinen Arm in die Höhe.

„Seht ihr?", sprach der Elefant. „Es ist ganz einfach."

„Eine tolle Idee", quietschte der Delfin vergnügt. „Wie kann ich euch helfen?"

„Wir legen gleich die Strukturen fest und beschreiben, was man genau tun muss, wenn man für eine Information verantwortlich ist. Es muss jedem klar sein, was er zu tun hat, und wie die Abläufe sind."

„Aber wie stellen wir sicher, dass es jeder sorgfältig ausübt?"

„Wir brauchen eine Art Gremium, das die Qualität überwacht und Standards und Abläufe festlegt", überlegte der Elefant.

„Und wer wird dieses Gremium leiten?"

„Ich!", entschied der Elefant mit stolz erhobenem Haupt.

„Dann ist er sozusagen … unser Gouverneur", stammelten die Affen respektvoll.

„Sozusagen, ja!"

Der Delfin klatschte aufgeregt. „Ich werde sofort eine neue Schulung in unserer Akademie vorbereiten, damit wir alle Verantwortlichen bestmöglich unterweisen können!"

„Vielen Dank!", erwiderte der Elefant und deutete eine Verneigung an. Dann stolzierte er mit breiten Schultern davon.

*Praxistransfer:*

Wenn viele Beteiligte mit Daten zusammenarbeiten, erfordert die Komplexität der Datenlandschaft eines Unternehmens gemeinsame Regeln und Rollen.

Der Elefant hat sich dieses Themas angenommen und ein erstes Governance-Modell für den Dschungel eingeführt. Das ist die Basis, um eine gute, strukturierte Steuerung der Arbeit mit Daten in der Organisation zu verankern. Und das ist das Fundament für Vertrauen in die Datenqualität.

Eine Data Governance kann beliebig komplex und detailreich sein, zahlreiche Facetten und Schwerpunkte haben. In jedem Fall sollte aber mit einer klaren Definition von Rollen und Verantwortlichkeiten begonnen werden. Wer ist dafür zuständig, die Automatismen zu überwachen? Wer validiert die inhaltliche Korrektheit der Daten? Wie ist der Ablauf, wenn jemand Datenqualitätsprobleme aufdeckt? Diese Prozesse sollten dann in die gesamte Prozesslandschaft der IT-Governance eingebettet sein, zum Beispiel, indem sie nahtlos an die Supportprozesse Ihrer Organisation anknüpfen.

In vielen Unternehmen teilen sich die technischen Verantwortlichen in den Data & Analytics-Teams und die eher auf Business-Seite angesiedelten Data Stewards die Zuständigkeiten für die Prüfung und Sicherstellung der Korrektheit, Vollständigkeit, Konsistenz und Einheitlichkeit von Daten auf.

In größeren Organisationen ist es, wie der Elefant vorgeschlagen hat, durchaus üblich, Gremien und Steuerkreise zu etablieren, die sich um die Einhaltung und Weiterentwicklung der definierten Rollen, Standards und Strukturen kümmern.

Wichtig dabei ist, dass der Begriff „Governance" in Ihrem Unternehmen nicht als Belastung wahrgenommen wird. Eine zielgerichtete Governance sollte schlank sein und den Fokus darauf legen, anhand von zielorientierten Regeln und Abläufen einen klaren Beitrag zu den Unternehmenszielen zu leisten, anstatt diese mit unnötiger Bürokratie zu blockieren.

Ein gutes Beispiel für eine (zu) strikte Data Governance ist das Erforderlichkeitsprinzip („Need to know"), bei dem der Zugriff auf Daten nur denjenigen gewährt wird, die nachweisen können, dass und wofür sie diesen benötigen. Ist es nicht förderlicher für das Gedeihen einer Datenkultur, den Spieß umzudrehen und ein Prinzip des Rechts auf Informationen zu etablieren? Bei diesem alternativen Prinzip wird der Zugriff auf die Unternehmensdaten grundlegend allen Mitarbeitenden gewährt, solange es sich nicht um sensible oder personenbezogene Daten handelt.

Welche Beispiele einer zu eng geschnittenen Data Governance kennen Sie aus Ihrem Unternehmen? Wie könnte man diese Aspekte zielorientierter gestalten?

## Das Evangelium des Papageien

„Elefant, du bist ein Fuchs!", sagte der Papagei mit leuchtenden Augen und klopfte dem Dickhäuter mit seinem winzigen Flügel auf die mächtige Schulter.

„Ein Fuchs?", polterte der Elefant verdutzt. „So ein kleines, mickriges, rotes, buschiges Ding?" Er rümpfte den Rüssel. „Ich glaube nicht …"

„Aber Füchse sind sehr schlau."

„Elefanten doch auch!"

Die Ideen des Elefanten waren ein großer Schritt nach vorn. Dessen waren sich beide Freunde bewusst.

„Wir sind auf dem richtigen Weg."

Verträumt starrten sie mit zufriedenen Gesichtern hinauf in die Baumwipfel des Urwalds. Behagliche Stille legte sich über den

Dschungel. Es duftete nach feuchtem Gras. Die Blätter raschelten.
Und plötzlich stockte ihnen der Atem.

„Hast du das auch gesehen?", stammelte der Elefant.

„Ja", krächzte der Papagei.

Erschüttert starrten sie auf die orangefarbenen Muster. Es gab keinen Zweifel.

„Die Menschen sind auf dem Vormarsch!"

Der Papagei schwang sich in die Luft. „Ich muss mir das vor Ort ansehen."

Der Elefant starrte ihm lange nach.

Der Papagei beobachtete von einer dichten Baumkrone aus das Treiben der Menschen. Rasch breiteten sie sich aus, rückten mit schwerem Gerät an, holzten Bäume nieder, vernichteten kostbaren Lebensraum. Tränen rannen über das bunte Federkleid. Dann hatte er genug gesehen.

Mit grimmiger Miene erhob er sich in die Lüfte. Seine Wut richtete sich nicht nur gegen die Menschen, sondern auch gegen die Uneinsichtigen, die nichts gegen sie unternahmen.

Er fand den Tiger am Rand des Dschungels, tuschelnd mit dem sturen Flusspferd. Zornig ließ sich der Papagei zwischen den beiden nieder und stemmte die Flügel vorwurfsvoll in die Hüften.

„Seid ihr nun zufrieden?", schmetterte er ihnen respektlos entgegen. Und blickte sogleich in die messerscharf gebleckten Reißzähne des majestätischen Tigers. Das Blut gefror ihm in den Adern. Doch diese Sache war zu wichtig, um sich vor Angst schlotternd seinem Schicksal zu ergeben.

„Da seht ihr mal, was ihr mit euren sinnlosen Informationen erreicht habt", sagte das Hippo mit spöttischem Blick. „Nichts!"

„Die Menschen breiten sich aus, und ihr seid nicht in der Lage, es zu verhindern", pflichtete der Tiger dem ignoranten Flusspferd bei.

„Vielleicht wären wir das, wenn wir alle zusammenhalten", schimpfte der Papagei furchtlos. Sein Zorn verlieh ihm ungeahnte

Tapferkeit. Ein Prankenhieb, und er wäre nur noch ein federloser Blutfleck in der grünen Landschaft. „Wir werden unsere Lebensräume erhalten", knurrte der Tiger verbissen und nickte dem Hippo zuversichtlich zu. „Allein, auf eigene Faust, und ohne euren neumodischen Hokuspokus!"

„Und was ist mit unseren Lebensräumen?"

„Das ist euer Problem!"

„Wir können euch genau sagen, wo die Menschen sich ausbreiten, wo sich wie viele Menschen befinden." Der Papagei gab nicht auf. „Ihr könntet ihnen an ihren Schwachstellen zusetzen. Vielleicht können wir sie dadurch vertreiben."

„Ich brauche keine Schwachstellen." Stolz betrachtete der Tiger seine imposanten Muskeln und die tödlichen Krallen. „Ich kann es jederzeit mit ihnen aufnehmen, wann und wo ich möchte."

„Worauf wartest du dann?", brüllte der Papagei.

„Auf den rechten Moment, und darauf, dass sie MEINEN Lebensraum bedrohen."

„Egoistischer Muskelprotz!", fluchte der Papagei, als er hoch in der Luft auf den Dschungel blickte, der so ruhig, grün und unschuldig unter ihm lag, aber dennoch in großer Gefahr schwebte. „Wir wären in der Lage, dir den Schlüssel zu reichen, unseren Urwald zu verteidigen. Und du selbstgefälliger Idiot ignorierst es einfach!"

Müde setzte er sich auf einen Ast. Wie konnte man den Tiger überzeugen? Er war ihnen allen in Stärke und Gefährlichkeit weit überlegen. Nur der Druck der Gemeinschaft vermochte ihn womöglich zur Vernunft zu bringen. *Aber wir sind zu wenige*, dachte der Papagei.

Da tauchte das Bild des Tapirs und des Orang-Utans vor seinem geistigen Auge auf. Sie hatte man nicht von Beginn an mit eingebunden, aber sie waren ein engagierter Teil ihrer Gemeinschaft geworden. *Wie viele von ihnen gibt es noch dort draußen?*, grübelte der Papagei. *Wir brauchen mehr Mitstreiter! Eine Allianz des Dschungels! Vielleicht ist das der Weg, wie wir am Ende sogar den Tiger überzeugen können!*

Und einmal mehr erhob sich der unermüdliche Papagei in die Luft. Er flog in die südlichen Sümpfe des Dschungels, flatterte über die hohen Bäume des Nordens hinweg, schwang seine Flügel im Westen durch das rötliche Abendlicht und zog im Osten mit den Kolibris über den erfrischenden Morgenhimmel. Und überall verbreitete er lautstark die Kunde von der Macht der Informationen wie ein Prediger das Evangelium.

„Dort oben in den Baumwipfeln gibt es so vieles zu entdecken", schwärmte er trällernd. „Hilfe bei der Nahrungssuche, Warnung vor Gefahr! Den Informationen sind keine Grenzen gesetzt." Wie ein Marktschreier bewarb der Papagei ihr Projekt: „Hinkt den anderen Tieren nicht hinterher! Macht mit, probiert es aus, lasst euch begeistern! Ihr werdet es nicht bereuen. Wirklich!"

Und auf alle Fragen hatte er die passende Antwort parat. „Natürlich müsst ihr dafür viel Neues lernen, das gebe ich zu. Aber ihr alle kennt den Delfin in der alten Lagune. Er hat sogar eine eigene Akademie für euch gegründet. Glaubt mir! Dort werdet ihr alle von seiner Klugheit profitieren. Er wird euch lehren, was ihr wissen müsst. Und dann könnt ihr mit geballter Kompetenz loslegen. Wirklich!"

Natürlich gab es auch Zweifler. Doch der Elefant hatte ihnen allen den Weg geebnet, um diese Ketzer zu bekehren. „Ihr habt Bedenken, dass die Informationen nicht stimmen? Die hatten wir auch. Doch eure Sorgen sind unbegründet. Denn es gibt klare Rollen und Zuständigkeiten. Die Qualität wird stets überwacht. Und das Beste daran ist: Ihr könnt sogar mitmachen und selbst Verantwortung übernehmen! Besucht den Delfin in seiner Lagune und fragt nach dem Rollenmodell. Er wird euch alles genauer erklären. Und dann sucht nach dem Elefanten. Wenn ihr ihn von euren Stärken überzeugen könnt, wird er euch rasch eine spannende Rolle zuweisen. Das funktioniert wie am Schnürchen! Wirklich!"

Und als der Papagei seinen Flug durch die entlegensten Winkel des Urwalds beendet hatte und sich erschöpft auf einem Ast in der Nähe der Delfinlagune niederließ, da seufzte er zufrieden auf, als er die vielen Tiere erblickte, die tief unter ihm zwischen den dichten Gräsern hindurchmarschierten und zur Akademie der Delfine pilgerten.

*Praxistransfer:*

Das Motto „Tu Gutes und rede darüber" (Georg-Volkmar Graf Zedtwitz-Arnim) kann nicht nur für Public Relations verwendet werden. Es trifft auch bei Ihrer Data & Analytics-Strategie den Nagel auf den Kopf.

Das beste Governance-Konzept hilft Ihnen nicht weiter, wenn es niemand kennt und somit von den Stakeholdern nicht befolgt wird.

Die beste Datenstrategie verpufft, wenn sie im Unternehmen nicht gelebt wird.

Wer wird eine Datenakademie besuchen, von der er noch nie gehört hat?

Sie brauchen Mitstreiter, müssen Interessenten von neuen Ideen überzeugen und die Vorteile von Veränderungen praxis- und mehrwertorientiert verkaufen.

Kommunikation ist ein immens wichtiger Schlüssel für die erfolgreiche Entwicklung einer nachhaltigen Datenkultur. Wecken Sie Interesse, schaffen Sie Verständnis für die neuen Möglichkeiten, bringen Sie die zweifelnden Kollegen dazu, den Mehrwert von Dateninitiativen zu verstehen. Sorgen Sie durch stetige und zielgruppengerechte Kommunikation dafür, dass die Botschaft bei den Kollegen ankommt, die Sie überzeugen möchten. Seien Sie kreativ, auf welchem Weg und mit welchem Medium Sie Ihre Zielgruppen am besten erreichen.

Eine Veränderung der Datenkultur ist nur möglich, wenn Sie den Beteiligten die gewünschte Entwicklung nicht aufzwingen, sondern indem Sie Mitstreiter aus Überzeugung gewinnen! Wie können Sie in Ihrem Unternehmen die Vorteile anhand von möglichst konkreten Beispielen vermitteln?

## Die Harmonie des Nashorns

Gemächlich senkte das Nashorn seinen grauen Kopf und fraß ein Büschel Gras. Zufrieden begann es zu kauen und betrachtete dabei die Umgebung. Die Natur bot ein imposantes Schauspiel. Bunte Pflanzen säumten den Rand des Urwalds, wo er an die grasbewachsene Savanne grenzte, die das Nashorn als seine Heimat bezeichnete. Die Grashalme wogten im sanften Wind.

Nachdenklich beobachtete das Nashorn die Informationen in den fernen Baumkronen. Dann runzelte es die Stirn. Es hatte Zeiten gegeben, da selbst ein glühender Verfechter wie das Nashorn Zweifel an der Qualität hegte. Doch seitdem sich der Elefant zum Gouverneur der Informationen aufgeschwungen hatte, ging alles in die richtige Richtung.

Dennoch war es zuweilen sonderbar. *Ich stehe hier mitten in der Savanne, und die Bäume erzählen mir etwas von giftigen Tieren im Anmarsch und warnen mich vor der Wasserqualität im Dschungel.* Dem Nashorn war kein Beispiel bekannt, bei dem sich Giftpfeilfrösche oder giftige Schlangen aus dem Dschungel herausgewagt hatten. Nicht einmal alte Geschichten gab es dazu. Und dass die Wasserqualität unter den Machenschaften der Menschen litt, war nachvollziehbar. Doch es war höchst unwahrscheinlich, dass dies für den gesamten Urwald galt. Das Nashorn kaute weiter. Und es dachte nach.

*Wer weiß schon, welche Informationen die Natur zu Rate zieht*, grübelte es. *Mit den klaren Verantwortlichkeiten haben wir einen großen Schritt nach vorn gemacht. Aber manche Dinge sind mir noch nicht so klar.* Es betrachtete den Dschungel, der so still und friedlich dalag. Und es wurde sich der unendlichen Größe des Urwalds bewusst, die man einfach nicht begreifen konnte.

*Wenn wir wirklich verstehen wollen, was im Dschungel vor sich geht, dann müssen wir in der Lage sein, Vergleiche zu ziehen,* überlegte das Nashorn schmatzend weiter. *Was passiert im Osten? Wie beeinflussen die Menschen den Westen? Gibt es im Süden vielleicht andere Entwicklungen? Welche Gefahren lauern im Norden?*

„Irgendwie schmeckt das Gras hier im Frühling besser als im Sommer", murmelte das Nashorn schmatzend.

Und in diesem Moment der graskauenden Harmonie bemerkte das Nashorn, was ihm die ganze Zeit über gefehlt hatte: die Harmonie der Informationen. Was im Norden eine normale Entwicklung war, konnte bei den Tieren im Süden Warnsignale und Panik auslösen. Die einzelnen Puzzleteile waren gut und hilfreich, aber sie passten nicht zueinander.

„Frühling und Sommer!" Seufzend setzte das Nashorn seinen massigen Körper in Bewegung. „Es wird Zeit, dem Elefanten einen Besuch abzustatten."

Der Elefant beobachtete erfreut den regen Verkehr, der von der Akademie in der Delfinlagune zurück in die Reviere der Tiere strömte.

Ein Rascheln im Dickicht erregte seine Aufmerksamkeit. Misstrauisch zog er eine Augenbraue in die Höhe und starrte auf das hohe, dichte Gras. Etwas Großes und Schweres war im Anmarsch. Der Dickhäuter senkte leicht den Kopf, um einen potenziellen Feind mit seinen beeindruckenden Stoßzähnen zu begrüßen.

Erschöpft brach das Nashorn aus dem Gebüsch hervor. „Mein alter Freund und Gouverneur, wie lange haben wir uns nicht mehr gesehen!"

Der Elefant entspannte sich umgehend. „Ja das ist wahrlich eine schöne Überraschung! Was führt dich hierher in die Tiefen des Dschungels?"

„Gedanken, mein Freund. Gedanken, auf die ich mir noch keinen Reim machen kann." Interessiert ließ sich der Elefant auf dem ausladenden Hintern nieder und blickte das Nashorn erwartungsvoll an. „Dann spann mich mal nicht weiter auf die Folter."

„Du meinst also wirklich, wir haben etwas vergessen?"

„Ja und nein", antwortete das Nashorn. „Die Informationen sind da. Und sie sind gut. Aber irgendetwas passt noch nicht zusammen."

„So ganz greifen kann ich das noch nicht."

„Pass auf. Ich erklär es dir mit einem Beispiel." Das Nashorn rieb sich aufgeregt die Nasenspitze. „Ich bin auf dem Weg hierher viel durch den Urwald gewandert, um dich zu finden. Und dabei sind mir Ungereimtheiten aufgefallen, mit denen wir uns beschäftigen sollten."

„Ungereimtheiten? Welcher Art?"

„Als ich im Süden aus einem See getrunken habe, wurde der Tümpel in den Baumkronen als sehr wasserhaltiger See angepriesen. Aber im Norden, das sag ich dir, da wäre es nicht mehr als ein kleiner Weiher gewesen. Dort gelten andere Maßstäbe."

„Andere Maßstäbe sagst du?"

„Ja. Die Natur interpretiert die Informationen in den verschiedenen Regionen anders, je nach Gegebenheiten."

„Aber ...", stammelte der Elefant. „Aber wie sollen wir denn dann zum Beispiel die Frage beantworten, wo es die besten Wasserquellen gibt?"

„Genau meine Meinung, mein Freund! Das ist die entscheidende Frage."

„Oh weh", jammerte der Elefant. „Das ist nicht gut!"

„Und es geht noch weiter. Orte sind nur die Spitze des Eisbergs. Die Jahreszeiten bringen noch mehr durcheinander. Mein Gras schmeckt im Frühjahr anders als im Herbst. Und nicht nur das, es ist auch nahrhafter."

„Aber was bedeutet das?"

„Dass bestimmte Stellen nicht immer gute Nahrungsquellen sind, sondern nur zum richtigen Zeitpunkt."

Der Elefant verdeckte mit dem Rüssel seine Augen. Am liebsten hätte er sich im Boden vergraben. „Aber wie soll ich als Gouverneur Ordnung in so ein Chaos bringen?", jammerte er verzweifelt.

„Ich glaube, das Zauberwort heißt Bezüge. Es ist nötig, die Informationen miteinander in Bezug setzen, um sie vergleichbar zu machen."

„Ja!", trompetete der Elefant. „Dann können wir sie sowohl im Gesamten betrachten, oder speziell für einen Ort oder einen Zeitpunkt interpretieren."

„Genau!", freute sich das Nashorn, einen Mitstreiter zu haben, der ihm folgen konnte. „Und Ort und Zeit sind nur der Anfang. Eine schmutzige Trinkquelle ist für viele Tiere ein Problem. Ich bekomm da immer einen flotten Otto davon. Aber die Wildschweine, die stört das gar nicht. Die saufen das, als wäre es das Wasser aus der edelsten Quelle."

„Du meinst, wir müssen auch je nach Tier anders interpretieren?"

„Wäre das nicht wunderbar, wenn man sowohl wüsste, welche Quellen die höchste Gesamtqualität haben, aber jedem Tier für sich eine Empfehlung aussprechen könnte, ob es zum Trinken geeignet ist?"

„Ja, und wie!"

„Ich überlege nur, wo wir diese vielen Informationen hinterlegen sollen", grübelte das Nashorn mit einem Stirnrunzeln, das sein prächtiges Horn ins Wanken brachte.

Der Elefant sah sich suchend um. „In den Baumkronen können wir es nicht mehr unterbringen ..."

Der Blick des Nashorns blieb an einem langen Baum mit einem dicken Stamm voll brauner Rinde hängen. „Was ist mit den Stämmen?"

„Hm", überlegte der Elefant. „Das wäre eine Möglichkeit. Dort könnten wir die ganzen Bezugspunkte hinterlegen."

„Als Stamminformationen sozusagen."

„Ja, oder Stammdaten."

Das Nashorn nickte begeistert. „Hab ich's doch gewusst, dass ich bei dir richtig bin, mein Freund."

Feierlich erhob der Elefant seinen Rüssel und ließ ein lautes Trompeten erschallen. „Hiermit ernenne ich dich Kraft meines Amtes als Gouverneur des Dschungels zu meinem Stammadjutanten! Es wird deine Aufgabe sein, die richtigen Bezugspunkte sicherzustellen und für die Harmonie unserer Informationen zu sorgen. Bist du bereit, diese neue Rolle anzunehmen?"

„Die Harmonie der Informationen." Das Nashorn nickte ergriffen. „Diese Rolle nehme ich gerne an."

*Praxistransfer:*

Das Nashorn hat schnell begriffen, dass die Datenharmonisierung, der Prozess, Daten aus verschiedenen Quellen in ein einheitliches Format zu bringen, ein wichtiges Gut ist.

Mit der Größe eines Unternehmens und der Komplexität des Geschäftsmodells wächst auch die Heterogenität der Datenquellen. Je höher die Anzahl der Applikationen in der IT-Landschaft ist, desto umfangreicher ist die Vielfalt der angebundenen Daten. Und somit die Heterogenität der Datenlandschaft.

Die Daten der verschiedenen Quellsysteme sind unterschiedlich strukturiert, verwenden im schlimmsten Fall gar abweichende Stammdaten, was besonders in historisch gewachsenen Umgebungen sehr ausgeprägt sein kann.

Diese Daten in vergleichbarer Form zusammenbringen zu müssen, damit sie miteinander verglichen und analysiert werden können, ist wie ein Puzzle mit tausenden Teilen, die auf den ersten Blick gut zusammenpassen, und dann trotzdem feine Unterschiede aufweisen, die einem Stück für Stück das Leben erschweren. Technologisch gibt es viele Wege, sich diesen Herausforderungen zu stellen. Architekturkonzepte wie der Data Lake, das Datawarehouse oder das Datalakehouse sind allesamt geeignet, der Komplexität Herr zu werden. Es hängt von der Situation ab, also der Art der Daten, der Art der Use Cases und der Art, wie in diesem Kontext mit Daten gearbeitet wird, welche Architektur am besten zu Ihnen passt. Auch Konzepte wie Datenvirtualisierung oder Data Fabric können in Unternehmen mit stark verteilten, dezentralen Daten ein mächtiges Mittel sein, um harmonisierte Datenmodelle zu definieren und dabei den Grad der Datenredundanzen zu minimieren.

Viel wichtiger als die technische Architektur ist, dass man sich konzeptionell den entscheidenden Fragen widmet.

Welche Daten sollten in harmonisierter Form vorliegen?

Wie kann man diese Daten so flexibel strukturieren, dass sie für möglichst viele Anwendungsfälle verwendet werden können?

Und am Ende spielen wie in diesem Kapitel die Stammdaten eine entscheidende Rolle. Sie sind das Bindeglied, das eine Aggregation, Gruppierung, Vergleichbarkeit und Verknüpfung von Daten möglich macht.

Welche Stammdaten werden benötigt, um die Transaktionsdaten flexibel aggregieren und gruppieren zu können?

Wie werden die Stammdaten gepflegt, gemapped und aktuell gehalten?

Welche Rollen und Zuständigkeiten sind hierfür im Governance-Modell erforderlich?

Wenn Sie Fragen wie diese gut beantworten, leisten Sie einen großen Wertbeitrag zur Wiederverwendbarkeit Ihrer Daten, schaffen Vertrauen in die harmonisierten Daten und werden für immer der beste Freund des Nashorns sein.

## Das Recht der Starken

Vergnügt sahen der Elefant und das Nashorn dabei zu, wie der Papagei mit dem Delfin herumtobte. Provozierend flatterte der kunterbunte Vogel über die Wasseroberfläche, und der Delfin versuchte ihn mit seiner spitzen Nase anzustupsen.

„Die beiden sind so unbeschwert", bemerkte das Nashorn neidisch.

„Im Moment, ja", seufzte der Elefant. „Aber auch sie wissen, dass die Menschen sich immer weiter ausbreiten. Sie haben schon ein Siebtel des Urwalds abgeholzt. Und wir haben noch keine Wege gefunden, sie aufzuhalten. Wenn sie so weitermachen, haben wir bald keinen Lebensraum mehr."

„Wir haben dennoch unser aller tägliches Leben deutlich verbessert."

„Natürlich. Aber das ist nicht genug."

„Wenn wir den Tiger auf unserer Seite hätten …"

„Hätte, hätte, Lianenkette. Das hilft uns nicht weiter. Er ist so stur und in seine eigene Stärke verliebt, dass wir uns den Rüssel fusselig trompeten können."

„Trotzdem haben wir viel unternommen", bekräftige das Nashorn. „Du bist nun Gouverneur, die Harmonie der Informationen ist erreicht und mit den Stammdaten sind wir viel flexibler geworden."

Der Elefant brummte mürrisch.

„Vielleicht sollten wir wieder eine Konferenz der Tiere einberufen", überlegte das Nashorn. „Einfach mal reinhören, wie es jetzt mit diesen ganzen Verbesserungen läuft …"

Der Papagei ließ sich emsig auf seiner Nasenspitze nieder: „Genau! Und den Tiger und das närrische Hippo laden wir auch mit ein!"

So trafen drei Tage später die Tiere des Dschungels an der alten Sonnenlichtung im Herzen des Urwalds zusammen. Es waren ihrer viele, eine überzeugte Gemeinschaft, die sich überschwänglich auf die Schultern klopfte, was sie bereits erreicht hatten.

„Noch nie in meinem Leben konnte ich so viel schlafen", freute sich das Faultier. „Ist das nicht toll? All die Zeit, diese erholsame Ruhe. Automatisierung ist die klügste Erfindung der Welt!"

Der Orang-Utan stimmte in den Lobgesang ein. „Der Kopf hat mir geschwirrt von all den vielen Dingen, die ich mir merken konnte. Tausende Pflanzen vermochte ich nur anhand ihrer Farbnuancen zu unterscheiden. Jetzt brauche ich das nicht mehr. Es ist alles so einfach geworden."

„Und ich war noch nie so wenig hungrig wie in den letzten Tagen", brummte der Bär zufrieden. „So viel Essen überall. Warum habe ich das nicht vorher gesehen?"

Plötzlich ging ein Raunen durch die Menge, als sich der muskelbepackte Tiger einen Weg durch die Tiere bahnte. Seine flammenden Augen funkelten in der tiefstehenden Sonne. Das prachtvolle Fell schimmerte. Bedrohlich fletschte er die messerscharfen Zähne und blickte sich herablassend um. Rasch senkten die Tiere ihren Kopf, um ihm nicht in die mordlüsternen Augen sehen zu müssen. Das Flusspferd pflanzte sich neben ihm ins Gras, wie ein wabbeliger Leibwächter, der sich im Glanz seines Gebieters sonnte.

„Beachtliche Erfolge, von denen ihr da berichtet", knurrte der Tiger hämisch. Das Hippo kicherte. „Aber auch wir sind satt und wohlgenährt, wie man sieht. Stark und gefährlich wie eh und je. Und wir haben keinen Hokuspokus, dem wir blind das Vertrauen schenken. Wir trinken, wo wir immer getrunken haben. Wir jagen, wo wir immer gejagt haben. Und wir denken über die Dinge nach, über die wir immer nachgedacht haben. Geht es uns dabei schlecht?"

„Aber es könnte euch noch besser gehen", warf der Papagei trotzig ein.

„Ihr habt ein paar kleine Erfolge vorzuweisen, von mir aus. Aber was war noch einmal das Ziel, das ihr mit den Informationen verfolgtet?"

Es hätte eine rhetorische Frage sein sollen, aber das Flusspferd schickte sich sogleich an, dem Tiger zu antworten: „Die Menschen aufzuhalten!"

„Und was habt ihr in dieser Hinsicht erreicht?"

Die Frage des Tigers knallte durch den Dschungel wie ein Peitschenhieb. Und niemand antwortete ihm.

„Das habe ich mir gedacht", knurrte der Tiger und bahnte sich seinen Weg aus der Menge. Das Hippo folgte ihm auf dem Fuße und verschwand ungelenk mit der erhabenen Raubkatze im Unterholz.

Bedrückte Stille legte sich über die Lichtung. Die Tiere blickten betreten zu Boden, unfähig, ihren Gefährten in die Augen zu sehen. Man hätte ein taumelndes Blatt auf den moosigen Waldboden fallen hören können.

Dann erzitterte mit einem Mal die Erde.

„Ich habe genug von diesem alten Miesepeter!", donnerte der Elefant und stampfte ein weiteres Mal mit seinem mächtigen Fuß auf. „Wir lassen uns doch von dem nicht unterkriegen!"

In diesem Augenblick verdunkelte sich die Sonne, als der mächtige Harpyienadler mit seinen dunkelgrauen Schwingen über der Lichtung kreiste. Mit einem durchdringenden Schrei stürzte er hinab und setzte sich mit traurigen schwarzen Augen in den Kreis der Tiere, die ihn wie gebannt anstarrten.

„Meine Augen haben Schreckliches gesehen", sprach der Greifvogel mit klarer Stimme, und den Tieren des Waldes gefror das Blut in den Adern.

„Was hast du gesehen?", wisperte der Papagei, dessen Flügel von einer Gänsehaut überzogen waren.

Der Adler senkte den Kopf. „Mein Herz vermag es nicht in Worte zu fassen." Dann stieß er sich kraftvoll vom Boden ab und breitete seine Flügel aus.

Die Tiere folgten seinem Schatten, bis sie der Harpyienadler an den Rand des Dschungels geführt hatte. Sie drangen durch die letzten Ausläufer des dichten Gebüschs, drückten mit ihren Körpern dornige Zweige zur Seite und ließen ihre Blicke über die endlosen Weiten der Savanne schweifen.

Dem Papagei entfuhr ein spitzer Schrei. Seine sonst so schillernd bunten Flügel wirkten farblos, als er zitternd zu Boden stürzte. Dicke Tränen rannen seinen Schnabel hinab.

Auch den anderen Tieren standen die Tränen in den Augen. Fassungslos starrten sie auf die zahllosen Kadaver der Steppenbüffel, die blutverschmiert im Staub lagen und von Fliegen umschwärmt wurden.

Der beißende Gestank des Todes kroch unaufhaltsam in ihre Nasen. Wimmernd rammte der Papagei seinen bebenden Schnabel in die Erde. „Wer ist nur zu so etwas fähig?", rief er immer wieder, bis seine Stimme brach.

Der Adler breitete schützend einen Flügel über dem Papagei aus. „Es waren die Menschen. Sie haben sie gehetzt. Sie haben sie getötet. Sie haben sie in der sengenden Sonne der Verwesung überlassen."

„Zum Spaß?", brüllte der Papagei. „Sie haben sie zum Spaß getötet?" Das Schweigen der Savanne war die einzige Antwort, die er erhielt. „Der Tiger und das Flusspferd haben ja so recht! Wie haben wir uns in unseren kleinen Erfolgen gesonnt. Und wie wenig haben wir erreicht! Seht, was die Menschen getan haben! Wir vermögen es nicht zu verhindern. Es ist alles nur nutzlose Spielerei!"

Da erzitterte erneut die Erde.

„Es ist grausam und erschütternd", donnerte der Elefant und stampfte ein weiteres Mal mit seinem mächtigen Fuß auf. „Aber ist das nicht der Grund, unseren Weg unbeirrt weiterzugehen? Ja, wir konnten dieses Blutbad nicht verhindern. Und das macht auch mich wütend. Aber wenn wir jetzt aufgeben, dann haben wir keine Zukunft!"

Langsam hoben die Tiere des Waldes die Köpfe. Das Donnerwetter des Elefanten hatte den Kampfgeist in ihre wütenden Augen zurückgebracht.

„Wir haben schon so viel geschafft!", brüllte der Jaguar. „Aufgeben ist keine Option!"

Die Schlange zischte: „Vermutlich haben wir nur noch nicht den richtigen Ansatz gefunden, wie wir den Menschen beikommen können. Doch das heißt nicht, dass es unmöglich ist!"

„So ist es", sagte das Nashorn mit ruhiger Stimme. „Lasst uns nicht verzagen, sondern weitermachen."

Und an jenem Tag leisteten die Tiere des Urwalds in der blutgetränkten Savanne einen Schwur, nicht eher zu ruhen, bis sie die Menschen aus ihrem Dschungel vertrieben hatten.

*Praxistransfer:*
Auf Ihrem Weg zum datengetriebenen Unternehmen wird es auch Widerstand geben. Zweifler, die noch nicht von dem eingeschlagenen Weg überzeugt werden konnten. Skeptiker, die Veränderungen gegenüber wenig aufgeschlossen sind. Und Nörgler, die jeden kleinen Misserfolg hämisch beobachten, anstatt aus Fehlversuchen zu lernen und daran zu wachsen.

Konzentrieren Sie sich zuerst auf die 80 Prozent, die sich überzeugen lassen. Verwenden Sie Ihre Energie darauf, Seite an Seite mit diesen Kollegen voranzugehen und auch Rückschläge mit vereinten Kräften zu überwinden.

Die übrigen 20 Prozent werden später folgen, wenn der Wandel Einzug gehalten hat und die Erfolge nicht mehr von der Hand zu weisen sind.

Wie auf jeder steinigen Reise kann es auch schmerzhafte Rückschläge geben, die den Zweiflern zusätzliche Nahrung geben.

Der Elefant hat sich von diesen bitteren Misserfolgen nicht von seinem Ziel abbringen lassen.

Wofür haben Sie Ihre datengetriebene Reise gestartet? Was können Sie aus Ihren Misserfolgen lernen? Wie können Sie selbst Rückschläge in positive Energie umwandeln und als Antrieb für weitere Verbesserungen verwenden?

## Selbst ist das Tier

Auf einer gemütlichen Lichtung machte der Gepard eine kurze Rast. Der Weg von der Akademie in der Delfinlagune war weit und führte durch unwegsames Unterholz. Alles war so fremd, anders als zuhause in der endlosen Steppe, nach der er sich zurücksehnte. Die Gerüche. Die Geräusche. Die undurchdringliche Pflanzenwelt.

Doch die Steppe würde nie mehr dieselbe sein. Nicht nach dem Blutbad der Steppenbüffel, das alle Tiere des Urwalds bis ins Mark erschüttert hatte. Nachdem er den ersten Schock überwunden hatte, war er wie viele andere Tiere zum Delfin geeilt. Er wollte alles darüber lernen, wie man die Informationen aus den Baumwipfeln weiterspinnen konnte. Wenn doch nur einer von ihnen eine zündende Idee hätte, wie man dem Unheil durch die Menschen ein Ende zu bereiten vermochte.

Seine spitzen Ohren vernahmen ein leises Rascheln. Blitzschnell legte sich der Gepard auf die Lauer. Alle seine Sinne waren in Alarmbereitschaft. Etwas Großes und Starkes bahnte sich einen Weg durch den Urwald. Das Herz des Gepards hämmerte. Mit einem schnellen Satz preschte er nach vorn und stellte sich dem Jaguar entgegen, der einen Augenblick zusammenzuckte und sich dann sprungbereit auf den Boden kauerte. Misstrauisch begutachteten die beiden Raubkatzen einander. Ein grollendes Knurren drang drohend aus ihren Kehlen.

„Wohin des Weges, Jaguar?", fragte der Gepard, noch immer auf der Hut.

„Auf dem Weg zur Lagune."

„Zur Akademie des Delfins?"

„Ja, ich möchte noch eine Fortbildung machen, um den Gouverneur bei seiner Arbeit unterstützen zu können."

Der Gepard entspannte sich etwas. „Von dort komme ich."

„Und, wie fandest du es, Gepard?"

„Gut", antwortete dieser knapp.

„Das klingt nach einem Aber."

„Nein ... doch ... ach, ich weiß auch nicht."

„Was beschäftigt dich?"

„Das hat schon alles so seinen Sinn", murmelte der Gepard mit einem unsicheren Kopfschütteln. „Und trotzdem ... fehlt mir noch etwas."

Der Jaguar runzelte nachdenklich die Stirn. „Das Gefühl kenne ich, mein Freund."

„Echt?", rief der Gepard überrascht. „Geht es dir auch so, dass du frustriert bist, dass die Natur alle Informationen vorgefertigt für dich darstellt?"

Die Augen des Jaguars funkelten. *Endlich ein Seelenverwandter!* „Ja, so magisch diese ganze Sache auch ist ... manchmal macht mich das wirklich fertig!"

„Wenn ich zum Beispiel fressen möchte, finde ich wertvolle Informationen in den Blättern. Aber an einigen Tagen steht mir der Sinn ..."

„... nach etwas ganz Bestimmtem", vollendete der Jaguar den Satz.

„Da habe ich einen raubkatzenartigen Appetit auf ...", riefen beide Tiere wie aus einem Munde, und brachen in prustendes Gelächter aus.

Der Jaguar legte kameradschaftlich eine Pranke auf die Schulter seines Gefährten und sprach: „Es gibt Tage, da möchte ich selbst entscheiden, wen oder was ich verspeise."

„Genau, und da sollen mir die Bäume nicht irgendwelche Vorschläge machen, auf die ich keine Lust habe, sondern sie sollen mir sagen, wo ich finde, was ich suche."

Der Gepard und der Jaguar konnten ihr Glück kaum fassen. Endlich jemand, der sie verstand. Vielleicht vermochten sie gemeinsam einen Weg zu finden.

„Wenn man den Bäumen mitteilen könnte, was man will …", grübelte der Gepard.

„Wenn man die Informationen, die einem angezeigt werden, durch bewusste Schlagwörter einschränken könnte …"

Langsam trat der Gepard an die Rinde eines Baums. Er folgte einer Eingebung, seinen katzenhaften Instinkten. Es fühlte sich einfach richtig an, die Pranken auf die Rinde zu legen. Sie war kühl und rau, und er spürte, wie das Leben in den Wasseradern des uralten Gewächses pulsierte. Wie von selbst fuhren die Krallen aus, bohrten sich knirschend in die Rinde. Das Raubtier vollführte eine kunstvoll geschwungene Bewegung und kratzte zwei leicht gebogene Hörner in die Baumrinde.

Wie von Geisterhand begannen die Blätter in den Baumwipfeln zu rascheln. Erstaunt blickte der Jaguar nach oben. Die Darstellungen veränderten sich. „Ein Wegweiser", hauchte er ungläubig.

Der Gepard nickte und setzte zum Spurt an. „Hast du schon mal Gazelle gegessen?", fragte er lachend über die Schulter und schoss lautlos ins Unterholz.

„Nein, noch nie", erwiderte der Jaguar verdutzt und nahm die Verfolgung auf.

Mit einem zufriedenen Seufzen labten sich der Jaguar und der Gepard an der frisch erlegten Gazelle.

„Wenn wir über die Rinde mit der Natur kommunizieren können", schmatzte der Gepard, „dann eröffnet uns das ganz neue Möglichkeiten!"

„Unvorstellbar, was dir da gelungen ist."

„Ja, jetzt kann ich fressen, was ich will, wann ich es will. Und wenn ich müde bin und nicht so schnell rennen möchte, dann filtere ich einfach auf eine langsame Beute, die ich mir im Dauerlauf schnappen kann."

Der Jaguar leckte sich genüsslich die blutverschmierten Tatzen sauber. „Ich trau es mich ja gar nicht zu sagen", flüsterte er grinsend. „Aber ich mag den Regen nicht so sehr."

„Ein Raubtier des Dschungels hat Angst vor ein paar Regentropfen?", amüsierte sich der Gepard.

„Wenn ich's dir doch sage ... Aber jetzt, wo wir mit einem Mal so viel Einfluss ausüben können, wäre es doch sicher möglich, die Informationen zum Wetter mit den Jagdinformationen zusammenzufügen, oder?"

„Ich vermute schon", nickte der Gepard langsam.

Der Jaguar trat zum nächsten Baum, kratzte ein komplexes Bild in die Rinde, das an eine Sonne und einen durchgestrichenen Wolkenbruch erinnerte. Dann zeichnete er ein kleines Nagetier daneben und betrachtete gespannt sein Werk.

Wieder raschelte es in den Baumwipfeln. Und der Jaguar erhielt eine punktgenaue Wegbeschreibung, wie er sich auf die Suche nach Nagetieren begeben konnte, ohne nass zu werden.

„Unglaublich!", staunte er heiser.

Die beiden neuen Freunde sahen einander an. Die Begeisterung blitzte in ihren strahlenden Augen. Sie wussten, dass sie etwas Großes entdeckt hatten, das die Bewohner des Dschungels einen gewaltigen Schritt voranbringen würde.

„Komm mit!", rief der Jaguar aufgeregt.

„Wohin willst du?"

„Zur Akademie der Delfine!"

„Ach, zu deinem Kurs", antwortete der Gepard. „Da komm ich doch gerade her. Ich glaub, es ist Zeit für mich, nachhause zu gehen."

„Vergiss meinen Kurs!", winkte der Jaguar ab und tänzelte unruhig von einer Pfote auf die andere.

„Was willst du denn dann so dringend in der Lagune?"

„Na, was wohl! Wir müssen dem Delfin erzählen, was wir entdeckt haben."

„Und dann?"

„Dann bitten wir ihn, eine neue Schulung in sein Akademieangebot aufzunehmen und die anderen Tiere zu lehren, wie man die Informationen in den Blättern selbstständig zusammenstellen kann."

„Gute Idee!", rief der Gepard mit funkelnden Augen. „Die Tiere werden dem Delfin die Lagune einrennen!" Dann wurde er ernst und blickte wehmütig in den Himmel. Vor seinem geistigen Auge sah er die grausam zugerichteten Kadaver der Steppenbüffel, die ihn noch immer des Nachts in seinen Träumen heimsuchten. „Auf diese Weise werden die Tiere des Waldes Wege finden, den Menschen Einhalt zu gebieten", knurrte er kämpferisch.

„Aber was ist, wenn sie bei ihren ersten Versuchen nicht klarkommen?", gab der Jaguar zu bedenken.

„Dann sollen sie uns rufen!", entschied der Gepard und zwinkerte dem Jaguar schelmisch zu. „Die beiden Meister der Rindenkunst werden sie gerne bei ihren ersten Schritten unterstützen und ihnen wertvolle Tipps geben, wie sie die Blätter ihrem Willen beugen."

Die beiden Raubkatzen fielen sich ausgelassen in die Arme und machten sich auf samtenen Pfoten auf den Weg.

*Praxistransfer:*
Begrenzte Ressourcen stellen in nahezu allen Unternehmen eine große Herausforderung dar. In der aktuellen Arbeitsmarktsituation ist es nicht einfach, geeignete Fachkräfte zu finden. Und selbst wenn man das zentrale Data & Analytics-Team immer weiter aufstockt: Die Fülle der Ideen und Anforderungen werden einen stets wieder einholen.

Umso wichtiger ist es, die Abhängigkeit von einem zentralen Data & Analytics-Team gezielt aufzulösen. Indem man die Business Units befähigt, eigenständig zu handeln und Mehrwert aus ihren Daten zu generieren, umgeht man die natürlichen Engpässe zentralistisch geprägter Organisationen. Agilität und Flexibilität der Business Units ersetzen das Warten auf die Priorisierung durch das Data & Analytics-Team.

Bedeutet das, dass man das Data & Analytics-Team nicht mehr benötigt?

Ganz im Gegenteil! Die Rolle des Data & Analytics-Teams ist wichtiger denn je, aber sie hat sich gewandelt. Anstatt jede Anforderung selbst umzusetzen, sollten sich moderne Data & Analytics-Teams darauf fokussieren, hochwertige Self-Service Analytics-Tools bereitzustellen und auf Basis dieses technologischen Fundaments die Business Units zu befähigen, zu unterstützen, zu begleiten und zu beraten. Neben weitreichenden Schulungs- und Beratungsangeboten sollten Sie ein klares Regelwerk mit Prozessen und Richtlinien vorgeben und gezielt darauf hinarbeiten, Self-Service Analytics in den täglichen Arbeitsprozessen zu etablieren.

Dabei ist es wichtig, nicht ausschließlich an die Reporting Front-Ends zu denken. Natürlich ist es ein valider erster Schritt, dem Business die Freiheit zu geben, Berichte und Dashboards eigenständig zu erstellen. Darauf aufbauend sollte anschließend aber unbedingt daran gearbeitet werden, den Power Usern auch mehr Flexibilität bei der Data Preparation auf Basis des Datawarehouses oder Data Lakes zu ermöglichen.

Mit fortschreitender Transformation zu mehr Analytics-Verantwortung im Business bietet es sich an, Konzepte wie das Data Mesh zu evaluieren. Das Data Mesh ist ein dezentraler Ansatz, der auf Basis einer gut definierten Governance die Verantwortung für Datenprodukte in ihre fachlichen Business-Domänen verschiebt.

# Die Kraft der Gemeinschaft

„Der Gepard und der Jaguar waren unglaublich fleißig", dozierte der Delfin mit funkelnden Augen. „Hier findet ihr ganze einhundert Blätter, auf denen sie Beispiele für einfache und doch wirkungsvolle Kommandos aufgeschrieben und fein säuberlich auf einem langen Ast aufgespießt haben."

Die Tiere staunten nicht schlecht über diese grandiose Beschreibung der hohen Kunst, die Informationen für seine eigenen Zwecke aufzubereiten. Mit weit aufgerissenen Augen starrten sie gierend und sabbernd auf die Äste, die sich durch unzählige bunte Blätter hindurchbohrten.

„Keine Sorge", lächelte der Delfin. „Es ist für jeden ein Ast da. Und der Gepard und der Jaguar haben mich mehrfach gebeten, auch ja zu erwähnen, dass sie euch gern bei euren ersten eigenen Schritten zur Seite stehen."

Eifriges Kopfnicken war die Folge. Und keiner der Teilnehmer vermochte die Augen von den wertvollen Ästen zu nehmen, so als könnten sie verschwinden, wenn man nur für eine Sekunde wegschaute.

Mit einem Schwall freudiger Klicklaute beendete der Delfin die Schulung und warf mit der geschickten Schnauze jedem Akademiebesucher seinen Ast zu.

Unter großem Getrampel strömten die Tiere zurück in den Dschungel. Nur wenige von ihnen blieben, um sich noch einen Moment mit dem erschöpften Delfin zu unterhalten.

„Das hast du wirklich gut gemacht!", lobte der Elefant und klopfte dem Delfin mit seinem Rüssel auf die Flosse. „Kommt, lasst uns noch einen vergärten Apfelsaft auf den Feierabend trinken."

„Danke. Aber dieser Dank gebührt allein dem Gepard und dem Jaguar. Was für eine Intuition! Nicht zu fassen!"

„Der Jaguar und der Gepard …", murmelte das Nashorn. „Die beiden hatte ich echt gar nicht auf der Rechnung."

„Ich auch nicht", zischte die Schlange. „Aber das war wirklich eine gute Schulung. Bisher habe ich ja jede der Schulungen im Nu verschlungen. Aber das heute, das war wie eine ausgewachsene Kuh im Ganzen zu vertilgen. Exzellent, muss ich sagen. Exzellent!"

„Ich bin gespannt, was die Tiere mit diesem Wissen alles anfangen", brummte der Elefant.

„Also ich hab da schon so einiges vor!" Genussvoll fuhr sich die Schlange mit der gespaltenen Zunge über die furchterregenden Giftzähne. „Ich möchte gern meine Beutetiere nach ihrer Größe sortieren und dann noch betrachten, wie leicht es sich im jeweiligen Terrain kriechen lässt. Ich sehe mich schon vor mir, wie ich meine Fänge in ihre warmen Körper schlage."

Der Delfin ging mit sanfter Stimme über die Gewaltvorstellungen hinweg und lenkte die Überlegungen in eine andere Richtung: „Wäre es nicht ein toller Beitrag für die Gemeinschaft, wenn wir mehr über unsere Ideen und Anwendungsfälle sprechen? Ich meine, jeder hat so seine eigene Vorstellung von dem, was nützlich ist. Und oft kann man die Impulse von befreundeten Tieren weiterspinnen und für andere Zwecke adaptieren."

„Natürlich!", nickte das Nashorn. „Das wäre sicher sinnvoll."

„Das wäre wieder wertvolles Wissen, das man hinunterschlingen kann wie lebendiges Fleisch!", zischte die Schlange.

Die anderen Tiere rollten mit den Augen. Aber die Idee gefiel ihnen.

Der Elefant sah sich um. „Warum machen wir das nicht hier bei dir, Delfin? Deine Lagune ist ein malerischer Ort. Und ruhig noch dazu. Genau das Richtige für einen regelmäßigen Austausch."

„Und jeder kennt den Weg bereits wegen der Akademie", fügte das Nashorn hinzu.

Der Delfin legte die Stirn in Falten. „Ja, der Ort würde gut passen." Ein kurzes Zögern. „Aber die Zeit macht mir Sorgen. Die Besucherzahlen wachsen immer weiter, und die Vielfalt der

Schulungen lässt mir kaum Zeit, mit meinen Bällen zu jonglieren. Ich bin mir nicht sicher, ob es klug ist, sich zu viel aufzubürden." Aufgeregt schlängelte die Schlange zwischen den massigen Beinen des Nashorns und des Elefanten hindurch. „Was ist mit mir? Mit mir, der Schlange?"

Argwöhnisch blickte der Elefant die Schlange an.

„Was ist los mit euch? Ich werde euch sagen, weshalb ich bestens geeignet bin für diese Aufgabe."

„Na, da sind wir nun aber mal gespannt."

„Erstens sprudle ich nur so vor Ideen."

Das Nashorn schnaubte leise. „Vor gruselig blutigen Ideen, ja!"

„Das spielt keine Rolle. Die anderen Tiere dürfen meine Ideen gerne wiederverwenden und auf ihre weniger gefräßigen Ansprüche adaptieren."

„Punkt für dich!", kommentierte der Delfin grinsend.

„Und zweitens?"

„Zweitens gibt es keinen, der Informationen so sehr verschlingt wie ich. Ich habe selbst also das größte Interesse an einem guten Austausch. Macht mich das nicht zu einem geeigneten Kandidaten?"

„Hm … vielleicht … Aber gibt es auch ein drittes?"

„Drittens haben meine Augen hypnotische Wirkung. Mit bloßem Blick kann ich die Tiere dazu bringen, dass ihr Wissen nur so aus ihnen herausprudelt. Ist es nicht das, was einen guten Moderator ausmacht?"

Nachdenkliche Stille.

„Es gibt sogar noch ein viertens", triumphierte die Schlange. „Vor meinen Giftzähnen haben sie alle gehörigen Respekt. Wenn hier also jemand für Ordnung sorgen kann, dann ich. Ist das nicht auch eine wichtige Eigenschaft für einen Moderator?"

„Ist ja gut, ist ja gut!", grummelte der Elefant. „Probieren wir es einfach mal aus! Aber dann müssen wir die regelmäßigen Zusammenkünfte auch dazu verwenden, den Tieren das neueste Regelwerk des Gouverneurs mitzuteilen!"

„Kein Problem. Wir können sogar darüber diskutieren und dir wertvolle Rückmeldungen geben, wie gut das Regelwerk im Unterholz des Dschungels funktioniert."

Zufrieden setzte sich der Elefant auf den breiten Hintern und nippte an seinem vergärten Apfelsaft. Und die Schlange begann voll Vorfreude aufgeregt zu zischen.

***Praxistransfer:***
Sie wollen die Datenkultur in Ihrem Unternehmen nachhaltig verändern? Dann bringen Sie begeisterte und gute Power User zu einer Community zusammen. Zeigen Sie, dass Ihnen eine gelebte Datenkultur am Herzen liegt, indem Sie aktiv die Führung und die Moderation übernehmen.

Durch eine Community können Sie einen lebendigen Austausch zu Data & Analytics-Themen fördern. Datenaffine Nutzer bekommen eine Plattform zur Verfügung gestellt, auf der sie ihre eigenen Use Cases vorstellen und von Ideen von anderen Business Units profitieren können.

Dabei gibt es verschiedene Möglichkeiten, wie man eine solche Community aufsetzt. Es kann eine reine Erfahrungsaustauschplattform sein, bei der die Power User ihre Errungenschaften miteinander teilen. Darüber hinaus können die Vertreter der Community als Multiplikatoren eingesetzt werden, um Governance-Aspekte, Richtlinien oder Best Practises in die Business Units auszurollen und die Serviceangebote des zentralen Data & Analytics-Teams transparent zu kommunizieren. In einer sehr ausgereiften Variante ist es sogar möglich, die Community aktiv in Governance-Entscheidungen einzubinden, was ein hervorragendes Mittel ist, eine praxisnahe Governance aufzusetzen und die Akzeptanz in den Business Units sicherzustellen.

Welche Form passt am besten zu Ihrem Unternehmen? Wie kann eine Community bei Ihnen den größten Beitrag leisten, Tools und Technologien effektiver zu nutzen, voneinander zu lernen und gemeinsam Lösungen für datenbezogene Probleme zu finden?

# Die Herausforderung der Vielfalt

Und die Tiere tauschten sich aus. Ihre Ideen sprudelten, als gäbe es kein Morgen mehr. Sie übertrumpften sich gegenseitig, was Kreativität und Nutzen betraf.

„Ich habe mir eine Übersicht erstellt, wie viel Fressen welcher Art es in den letzten Jahren an welchen Stellen des Waldes gab", brummte der Bär stolz.

„Warum hängst du dich so sehr an die Vergangenheit?", zischte die Schlange. „Wäre es nicht sinnvoller, diese Informationen tagesaktuell abzurufen?"

„Für den kleinen täglichen Hunger bestimmt", antwortete der Bär und rieb sich schmatzend den Bauch. „Aber ich sage euch: Wenn ihr mal einen ganzen Winter lang schlaft, dann habt auch ihr einen Bärenhunger. Dann kann es nicht genug auf einmal sein." Er grinste mit tellergroßen Augen in die illustre Runde. „Und wenn ich das nächste Mal einen Platz für meinen Winterschlaf auswähle, dann suche ich mir eine Höhle, wo es im Vorjahr nach dem Winter vor Nahrungsquellen nur so gewimmelt hat. Dann kann ich selbst im verschlafenen Zustand meinen Bärenhunger stillen."

Die Tiere des Dschungels nickten anerkennend mit dem Kopf.

„Clever!"

„Vorausschauend!"

„Überlebensorientiert!"

„Sehr schönes Beispiel", befand die Schlange. „Wer möchte einen weiteren guten Anwendungsfall mit den anderen Tieren teilen?"

Die Tiere zuckten plötzlich zusammen, als das Chamäleon wie aus dem Nichts aus dem Schatten einer dunkelgrünen Pflanze hervortrat. Unsicher blickte es sich um und räusperte sich.

„Ihr wisst, dass ich die große Bühne scheue", begann es mit leiser Stimme. „Aber da eure ganzen Fälle nur ums Fressen gehen, möchte ich euch zeigen, dass man die Informationen auch anders einsetzen kann."

„Nicht zum Fressen?", staunte der Bär.

„Nein, ich nutze sie, um NICHT gefressen zu werden", lächelte das Chamäleon und erntete interessierte Blicke. „Wenn ich mir vornehme, durch den Dschungel zu streifen, mache ich eine Farbanalyse der möglichen Wege zu meinem Ziel."

„Und wozu soll das gut sein? Nimm doch einfach den kürzesten Weg", gähnte das Faultier.

„Nicht die Länge des Weges entscheidet über eine sichere und geruhsame Ankunft."

„Sondern?"

„Wenn ich sicher ankommen will, muss ich mich überall entlang des Weges gut tarnen können. Sonst bin ich eine viel zu leichte Beute."

Die Schlange zischte anerkennend. „Also hat die Farbanalyse den Sinn, dich zu vergewissern, dass du alle Farben auf deinem Weg imitieren kannst."

„Korrekt", nickte das Chamäleon. „Die Baumwipfel berechnen mir sogar die Abweichungen."

„Und dann wählst du den kürzesten Weg, auf dem du dich ausreichend tarnen kannst?"

„Nein."

Fragende Blicke durchbohrten das Chamäleon. „Aber warum denn nicht?"

„Ach, Freunde, ihr wisst ja gar nicht, wie anstrengend es ist, ständig die Farbe zu wechseln. Und manche Farbtöne kosten mich mehr Kraft als andere."

„Also suchst du nach der sicheren Route mit dem geringsten Aufwand?", staunte das Faultier mit funkelnden Augen.

Das Chamäleon nickte und zog sich wieder in die Schatten zurück.

„Was für ein großartiger Beitrag", lobte die Schlange. „Möchte noch ein anderes Tier hervortreten und diese Bühne nutzen?"

Der Kormoran schwang sich vom Ast eines Baumes hinab und ließ sich stolz und erhaben in der Mitte des tierischen Kreises nieder. „Ja, ich habe noch einen Anwendungsfall, bei dem ich zwei Fliegen mit einer Klappe schlage."

„Fliegen? Ich dachte, ihr Kormorane esst Fische."

„Genau, darum geht es ja. Ihr alle nutzt die Informationen über unsere Gewässer, stimmt's?"

Die Tiere nickten zustimmend. „Klar, um nur das beste und gesündeste Wasser zu trinken, das der Dschungel zu bieten hat."

„So mach ich das auch", sagte der Kormoran. „Nur, dass ich zusätzlich noch die Information einfließen lasse, ob es dort leckeren Fisch gibt."

„Das ist ja super, wenn du an der gleichen Stelle fressen und trinken kannst!"

„Genau das ist es. So spare ich mir eine Menge Zeit!"

„Wirklich großartig, was ihr alle mit den Informationen macht", säuselte die Schlange. „Nun kommen wir zur Königsfrage des heutigen Tages." Erwartungsvoll starrten die Tiere ihren Moderator an. „Hat jemand schon ein Mittel gefunden, die Gefahr durch die Menschen einzudämmen?"

Stille senkte sich über die Lichtung. Betreten blickten sie alle zu Boden.

„Ich verfolge ihre Ausbreitung jeden Tag", sagte der Jaguar. „Und wenn nötig, passe ich mein Revier entsprechend an, um ihnen aus dem Weg zu gehen."

„Ja, ich auch!", bestätigten viele andere Bewohner des Dschungels wie aus einem Munde.

„Also haben wir einen Weg gefunden, ihnen auszuweichen", fasste die Schlange mit traurigen Augen zusammen. „Aber nicht, wie wir ihre Ausbreitung verhindern können. So zögern wir das Unvermeidliche weiter hinaus."

Die niederschmetternde Wahrheit blieb im Raum stehen, als erdrückte sie die Tiere wie ein tonnenschweres Gewicht. Die

Bilder der grausam zugerichteten Steppenbüffel geisterten noch immer durch ihre Köpfe. Niemand wollte so enden.

„Uns liegen so viele Informationen vor. Warum hat noch keiner von uns einen Weg gefunden, sie zur Bekämpfung der Menschen einzusetzen?"

Zunächst schwiegen die Tiere. Nachdenklich blickten sie in die Bäume, als ob sie von dort eine hilfreiche Antwort erwarten konnten. Doch es kam keine.

„Es sind so viele Informationen", stammelte der Bär. „Es fällt mir schon schwer genug, den Überblick zu behalten, meine geliebten Mahlzeiten damit sicherzustellen."

„Ja, genau!", rief auch der Gepard. „Ich kenne nur das wirklich gut, was ich täglich nutze. Es ist einfach zu viel!"

„Auch ich habe langsam, aber sicher den Überblick verloren", bestätigte der Papagei.

Die Schlange nickte bedächtig. „Ja, das Gefühl kenne ich. Überwältigt von einer solchen Informationsflut, die selbst ich nicht in einem Happen herunterschlingen kann. Vielleicht haben wir alle Informationen, die wir brauchen, um die Menschen erfolgreich zu bekämpfen, und wir sehen sie nur noch nicht."

„Wenn wir eine bessere Übersicht hätten", überlegte der Gepard, „dann wäre es einfacher und schneller, die Informationen noch gewinnbringender einzusetzen."

Der Jaguar spann den Gedanken weiter. „Wir bräuchten eine Art Liste, welche Informationen der Dschungel überhaupt zu bieten hat!"

„Wie einen Katalog!", rief der Gepard.

Die Schlange war ganz außer sich vor Freude. „Ja, das klingt gut. Und wenn man den Überblick über alle Informationen hat, dann kann man gezielt auf die Informationen zugreifen, die man für seinen Anwendungsfall benötigt!"

Die Tiere des Dschungels jubelten. Es war eine bahnbrechende Idee.

„Wer ist der Schnellste von euch?", fragte die Schlange.

„Ich natürlich!'", fauchte der Gepard.

„Dann renne rasch zum Elefanten und frage ihn, ob er in seiner Rolle als Gouverneur die Erstellung eines solchen Katalogs in die Wege leiten kann!"

Und der Gepard sauste davon.

***Praxistransfer:***
Eine erfolgreiche Transformation zum datengetriebenen Unternehmen bringt neue Herausforderungen mit sich.

Je geringer die Datennutzung im Unternehmen ist, desto einfacher ist es für ein zentrales Data & Analytics-Team (sowie die wenigen Power User), alle Datenquellen im Blick zu behalten. Eine erhöhte Vielfalt in den Anwendungsfällen und -gruppen und eine steigende Dynamik und Komplexität der Use Cases sind sehr positive Anzeichen für eine vermehrte Datennutzung und damit ein greifbares Indiz für die rasante Entwicklung einer Datenkultur.

Jedoch stellt diese Entwicklung völlig neue Anforderungen an Transparenz und Dokumentation der Daten.

Die Demokratisierung von Daten und ein einfacher Zugriff auf die benötigten Daten zählen zu den wichtigsten Erfolgsfaktoren des datengetriebenen Unternehmens. Und ein gut dokumentierter, idealerweise hochgradig automatisierter Datenkatalog stellt eine bedeutende Grundvoraussetzung hierfür dar.

Unter einem Datenkatalog versteht man ein Repository, in dem beschreibende Informationen über die verfügbaren Daten katalogisiert werden, beispielsweise Definitionen, Herkunft, Beziehungen oder weitere nützliche Metadaten.

Ein fundierter Datenkatalog sollte technische Dokumentation und Fachdokumentation („Business Glossary") voneinander trennen und vor allem die Data Stewards in den Business Units für die Erstellung und Pflege des Business Glossaries in die Verantwortung nehmen.

Kernziel des Datenkatalogs ist Transparenz. Transparenz, welche Daten in welcher Form verfügbar sind, aus welchen Quellen die Daten stammen, wer die verantwortlichen Ansprechpartner sind und wie man Zugriff auf diese Daten erhalten kann.

Auch wenn die fehlende Dokumentation eine der häufigsten Herausforderungen bei der Datennutzung darstellt, ist der Aufwand für eine umfassende Dokumentation oft sehr hoch. Ein wichtiger Erfolgsfaktor ist deshalb erneut die Automatisierung. Je besser die Fähigkeiten Ihrer Datenplattform sind, Metadaten automatisiert zu extrahieren und in einen Kontext zu setzen, desto effizienter können Sie Ihre Datenlandschaft nutzen.

Trotzdem erfordert die professionelle Nutzung von führenden Datenkatalogen oder Data Intelligence-Plattformen eine grundlegende Reife an Data Governance und Datenkultur.

Ist Ihr Unternehmen bereit, den Mehrwert dieser signifikanten Investitionen voll auszuschöpfen? Oder wäre es ein besserer erster Schritt, mit einer kleinen Lösung zu starten und mit der voranschreitenden Reife zu wachsen?

## Zusammenfassung Teil 2

Rasch haben die Tiere des Dschungels erkannt, dass es nur mit Automatisierung und der Definition von Visualisierungsstandards nicht getan ist. Die Entwicklung einer Datenkultur benötigt ein deutlich breiteres Fundament.

Mit der Gründung der Datenakademie wurde allen Tieren freier Zugang zu mehr Data Literacy ermöglicht.

Ein Data Governance Modell sorgt dabei für ein zielorientiertes Regelwerk als Nährboden für die gemeinsame Arbeit mit Informationen.

Intensive Kommunikationsmaßnahmen und die Harmonisierung von Daten und Stammdaten ebneten den Tieren den Weg, durch die Einführung von Self-Service Analytics flexibel und eigenständig Informationen aus Daten zu gewinnen.

Von bitteren Rückschlägen lassen sich die Tiere dabei nicht von ihrem Weg abbringen, sondern lernen gemeinsam in einer Community aus ihren Erfahrungen.

Durch die Einführung eines Datenkatalogs setzten sie schließlich einen weiteren Grundstein. Der verbesserte Zugriff auf gut dokumentierte Daten treibt die Datenkultur weiter voran.

# Teil 3

… in dem die Tiere des Waldes auf Basis des geschaffenen Fundaments den Schritt zum datengetriebenen Dschungel vollziehen.

## Der Zauber der Leuchttürme

Unter Führung des Elefanten etablierten die Tiere des Dschungels einen Katalog, der sich sehen lassen konnte. Alle Tiere durften dabei ihren Beitrag leisten und die von ihnen verwendeten Informationen darin eintragen und beschreiben.

Und noch einmal eröffneten sich dadurch völlig neue Möglichkeiten. Sie hatten nun eine großartige Übersicht, welche Informationen ihnen zur Verfügung standen. Und der von der Schlange moderierte Austausch sprudelte nur so vor Ideen.

Aber ein wirkungsvoller Einfall, wie sie die Menschen in ihre Schranken verweisen konnten, war nicht dabei.

„Wir kommen nicht weiter, egal was wir tun", jammerte das Nashorn niedergeschlagen.

Auch die Schlange war frustriert. „Ich hatte mir das alles einfacher vorgestellt."

„Wir müssten noch mehr an einem Strang ziehen."

„Aber das tun wir doch!"

„Nicht alle!"

„Du meinst den Tiger und das Flusspferd?"

„Vor allem den Tiger", murmelte das Nashorn. „Er ist ganz einfach der Stärkste, der Gefährlichste, der Tödlichste von uns!"

„Ja, vermutlich hast du Recht. Ohne seine Unterstützung wird es schwer, zu überleben."

Das Nashorn dachte lange nach. „Vielleicht weiß der Delfin Rat?"

„Lass es uns versuchen", zischte die Schlange, und sie machten sich auf den Weg.

„Was kann ich für euch tun, meine Freunde?", begrüßte der Delfin die beiden Besucher freundlich.

„Es ist der Tiger", erklärte das Nashorn. „Wir müssen endlich einen Weg finden, ihn einzubinden, oder wir sind verloren."

Nachdenklich blickte der Delfin hinaus aufs Meer, das sich endlos hinter der Lagune bis zum Horizont erstreckte. Die Wellen wogten sachte im sanften Wind. Das ferne Rauschen wirkte beruhigend und inspirierend.

Geduldig beobachteten das Nashorn und die Schlange das kluge Säugetier.

„Draußen auf dem Meer haben die Menschen Leuchttürme erbaut", sagte der Delfin schließlich. Die beiden Besucher lauschten wie gebannt. „Es sind hohe Türme, die auf Inseln oder Klippen hinauf in den Himmel ragen. Sie leuchten und strahlen und weisen den Weg."

Der Delfin machte eine kurze Pause, ließ seine Worte sacken, ehe er den Gedanken weiterspann. „So etwas benötigen wir auch für den Tiger. Einen schillernden Leuchtturm, einen Anwendungsfall, der ihn so sehr überzeugt, dass er sich uns anschließt."

Das Nashorn schüttelte traurig den Kopf. „Was das betrifft, haben wir schon alles versucht. Frag mal den Papagei. Der hat sich förmlich den Schnabel fusselig geredet."

Die Schlange sah es ähnlich. „Aber der Tiger ist genauso stur wie das olle Hippo!"

„Vielleicht liegt es nicht nur am Tiger, sondern auch an uns", gab der Delfin mit sanfter Stimme zu bedenken.

„An uns? Aber wir machen doch alles richtig!"

„Niemand macht alles richtig. Vermutlich machen wir vieles gut. Dennoch haben wir noch keinen Weg gefunden, den Tiger zu überzeugen."

„Und das, obwohl er all die tollen Anwendungsfälle kennt!"

Der Delfin lächelte. „Aber womöglich sind ihm bloße Anwendungsfälle nicht genug."

„Wie meinst du das?"

„Wir erklären ihm stets, wie wir die Informationen einsetzen und was wir damit bezwecken."

„Aber was sollen wir ihm denn sonst erklären?"

„Welche Auswirkungen das Ganze hat!", rief der Delfin.

„Auswirkungen?"

„Ja, messbare und greifbare Ergebnisse. Zahlen und Fakten anstatt von Anwendungsfällen!"

„Eine messbare Auswirkung", murmelte das Nashorn nachdenklich.

„Zahlen und Fakten", wiederholte die Schlange mit riesigen Augen.

Der Delfin nickte ihnen aufmunternd zu. „Vielleicht ist es an der Zeit, den nächsten regelmäßigen Austausch einzuberufen."

„Ja", erwiderte die Schlange. „Das ist es."

Und so erklärte die Schlange der Gemeinschaft der Tiere, was ihnen der Delfin geraten hatte. „Wir benötigen eure leuchtendsten Beispiele, damit wir sie dem Tiger und dem Hippo näherbringen können. Und nicht nur eure Anwendungsfälle. Nein, das wird nicht reichen. Was wir brauchen, sind messbare Resultate, greifbare Mehrwerte, Zahlen und Fakten!"

Der Bär stapfte mit schweren Schritten in die Mitte des Kreises.

„Mir geht es besser denn je, seit ich mit den Informationen des Waldes auf Nahrungssuche gehe", brummte er. „Ich fühle mich stärker, fitter und bin nicht mehr so brummig und schläfrig."

„Schön und gut, aber kannst du das in Zahlen belegen?", bohrte die Schlange nach.

„Ich habe seitdem gewaltige 24 Pfund an Gewicht zugelegt. 24 Pfund!", brummte der Bär mit funkelnden Augen. „Leider fehlt mir die Intelligenz, um das in Prozent umzurechnen."

„Das müssten so um die vier Prozent sein", staunte der Delfin.

Der Bär grinste bis über beide Ohren. „Wow, vier Prozent sind sicher eine große Menge!"

„Und wie hast du das gemacht?"

„Mir knurrt den ganzen Tag der Magen. So ist das nun mal, wenn man ein Bär ist. Und oft sagt mir mein Bauch, was ich als Nächstes in mich hineinstopfen soll, um mich für den Winterschlaf zu rüsten."

„Und dann?"

„Wenn ich meinen Bärenhunger hatte, dann habe ich auf mein Bauchgefühl gehört und es in mich hineingestopft."

„Aber wie konntest du dann nochmal vier Prozent zulegen?"

„Ganz einfach: Ich vertraue nicht mehr auf mein Bauchgefühl. Das sagt mir nur, wonach mir gerade der Appetit steht. Aber eben nicht, was am nahrhaftesten für meinen Winterspeck ist. Jetzt esse ich, was seinen Zweck erfüllt und mich bestmöglich auf den Winterschlaf vorbereitet, und nicht das, wonach gerade der Magen knurrt."

„Hervorragend", zischte die Schlange erfreut. „Vier Prozent mehr Kampfgewicht durch sorgsam gewählte Nahrungssuche. Das dürfte dem Tiger gefallen!"

Der Jaguar löste den Bären in der Mitte des Kreises ab. Stolz und stark blickte er in die Runde, ehe er begann, von seinen Errungenschaften zu berichten.

„Mein Revier war schon immer recht klein für einen Jaguar", erzählte er. „Lange habe ich mich tief in meinem Herzen danach gesehnt, dieses Revier zu vergrößern."

„Warum hast du es nie zuvor gewagt?", fragte die Schlange.

„Weil ich es für riskant hielt. Ich wollte keinen Kampf auf Leben und Tod mit einem anderen Jaguar riskieren. Oder gar mit dem Tiger."

„Und wie ist es heute?"

„Heute habe ich mein Revier um ganze zehn Prozent erweitert", antwortete der Jaguar stolz.

„Zehn Prozent?", staunte der Gepard. „Das ist stattlich, mein Freund! Wie hast du das geschafft?"

„Ich habe die Informationen dazu verwendet, zu untersuchen, welche Tiere in regelmäßigen Abständen an den Grenzen meines Reviers entlangstreifen. So habe ich studiert, wo genau die Reviere von anderen Raubkatzen an mein Revier angrenzen."

„Und dann hast du dein Revier an den Stellen erweitert, wo dir keine Gefahr drohte", folgerte der Gepard beeindruckt.

Der Jaguar nickte.

„Hervorragendes Beispiel", zischte die Schlange. „Und messbar noch dazu. Zehn Prozent Reviervergrößerung durch die Untersuchung des Streifverhaltens der benachbarten Tiere. Klasse! Das dürfte einen Revierfanatiker wie den Tiger brennend interessieren."

Zum Abschluss des Austauschs flatterte der Papagei in das Zentrum der Runde. Als Sprachrohr der Informationsgewinnung der Tiere war er unter allen Mitstreitern hoch geachtet. Stille senkte sich über die Lagune.

„Vor drei Tagen habe ich mit den Filtermechanismen, die der Gepard und der Jaguar für uns entdeckt haben, eine spannende Auswertung gemacht." Er holte tief Luft. Eine durchaus gekonnte Kunstpause. „Ich wollte wissen, wie sich die Todesfälle unter den Tieren des Dschungels seit Beginn unseres Vorhabens entwickelt haben."

Mit vor Interesse weit aufgerissenen Augen starrten die Tiere den Papagei wie versteinert an.

„Und?", flüsterte die Schlange in die angespannte Stille.

„Vor dem Start unseres Projekts haben sich die Geburten und die Sterbefälle die Waage gehalten – plus/minus ein Prozent. Die Zahl der Tiere im Dschungel war somit seit Jahren relativ konstant."

„Und wie ist es heute?"

„Ähnlich – es gab knapp ein Prozent mehr Geburten als Todesfälle."

Enttäuscht ließen die Tiere die Luft aus ihren Lungen weichen. Sie hatten eine imposante Ankündigung, eine unwiderlegbare Auswertung erwartet. Was für eine Enttäuschung!

„Das war's?"

„Also hat das alles nichts bewirkt?"

„Nicht ganz", trällerte der Papagei mit lauter Stimme. Die enttäuschten Köpfe fuhren ruckartig nach oben. Die Blicke hingen wie gebannt an seinem Schnabel. „Man muss diese Zahlen im Kontext betrachten."

„Der Papagei spricht in Rätseln", brummte der Bär und kratzte sich verwirrt am Kopf.

„Eigentlich ist es ganz einfach", entgegnete der Papagei. „In den Gebieten, in denen sich die Menschen ausgebreitet haben, gab es vierzig Prozent mehr Todesfälle als Geburten."

Ein Schatten huschte über die Gesichter der Tiere. Eine fürchterliche Zahl. Ein Vorbote dessen, was ihnen noch bevorstand.

„Aber in allen anderen Gebieten haben wir, seit wir gezielt mit Informationen arbeiten, zehn Prozent mehr Geburten als Todesfälle."

Die Tiere nickten stumm. Das waren wahrhaftig gute Neuigkeiten.

Das Räuspern der Schlange beendete die nachdenkliche Stille. „Also kann man sagen, dass die Verwendung von Informationen in Gebieten ohne neue äußere Einflüsse die Erhaltung unserer Tierarten um zehn Prozent erhöht?"

„Ja, das kann man", bekräftigte der Papagei.

Nach der mit frenetischem Applaus beendeten Sitzung blieben die Schlange, das Nashorn und der Papagei allein in der Lichtung zurück.

„Ein gutes Ergebnis, findet ihr nicht?", resümierte die Schlange.

„Ja, absolut! Wenn sich der Tiger auf diesem Weg nicht überzeugen lässt, dann haben wir keine Chance", stimmte das Nashorn
zu.

„Wir müssen nur noch daran arbeiten, wie wir dem Tiger die
Informationen verkaufen", seufzte der Papagei.

„Du bist unser Sprachrohr", sagte die Schlange.

„Ja", nickte das Nashorn. „Wenn jemand einen Weg findet,
dann du!"

Und der Papagei zog sich zurück, um seinen Vortrag für den
Tiger zu üben.

*Praxistransfer:*
Wenn Sie auf Ihrer datengetriebenen Reise die letzten Zweifler
von Ihrem Weg überzeugen wollen, dann geht dies nur selten über
kreative Ideen und hochgesteckte Ziele.

Zweifler möchten keine verträumten Visionen sehen, sondern
können in der Regel nur durch messbare Beweise umgestimmt
werden.

Nutzen Sie Ihre erfolgreichen Initiativen dazu und unter-
mauern Sie den Anwendungsfall mit einem klaren Business Case.
Das bedeutet, Sie benötigen konkrete Zahlen, die messbare
Erfolge nachweisen. Und Sie sollten sich darauf fokussieren, was
Sie bereits erreicht haben. Denn in Zahlen und Fakten belegbare
Resultate kann niemand anzweifeln – hochgesteckte Ziele und
optimistisch kalkulierte Versprechungen hingegen schon.

Die Kommunikation spielt bei derartigen Leuchttürmen eine
große Rolle. Verkaufen Sie Ihre Initiativen, machen Sie erreichte
Ziele publik und verbreiten Sie so den hohen Mehrwert von Daten
in Ihrem Unternehmen.

Zeigen Sie anhand von konkreten Beispielen wie dem „Winter-
schlaf-Use Case" des hungrigen Bären, dass eine fundierte und
nachweisbare Information zu besseren (da datengetriebenen) Entscheidungen führt, als einfach nur auf sein Bauchgefühl zu hören.

Dabei sollten Sie in Ihren Kommunikationsmaßnahmen eine Geschichte („Storytelling") erzählen, um die Initiative und ihre Resultate greifbar, verständlich und interessant rüberzubringen.

Verknüpfen Sie die Kommunikation mit Ihren Data Literacy-Angeboten, damit Stakeholder, die aufgrund der Ergebnisse auf den fahrenden Zug aufspringen möchten, eine erste Anlaufstelle an die Hand bekommen.

Und nutzen Sie auch hier die Community als Multiplikator, um Ihre leuchtenden Beispiele in alle Abteilungen und Geschäftsbereiche zu tragen.

Mit welchem ersten Leuchtturm werden Sie Ihre Stakeholder von den Vorteilen datengetriebener Initiativen überzeugen?

## Die Schmerzen des Tigers

Furchtlos streifte der Tiger durch das Dickicht. Er wusste, dass er eins war mit seinem Dschungel. Unsichtbar und lautlos arbeitete er sich durch das Unterholz.

*Dieser Informationswahn der anderen Tiere ist blanker Unfug,* dachte er. *Aber die Menschen machen auch mich nervös. Was wollen sie hier? Warum roden sie so große Teile unseres Urwalds?*

Auf samtenen Pfoten schlich er weiter. Die Muskeln geschmeidig wie der Wind. Stark, schnell und tödlich.

*Noch zwei Meilen, dann kann ich die Menschen voraussichtlich bereits aus der Nähe beobachten.*

Plötzlich blieb der Tiger stehen. Wie vom Donner gerührt, starrte er durch eine kleine Öffnung im dichten Gestrüpp. Mit pochendem Herzen trat er einen weiteren Schritt heran. Und riss ungläubig die Augen auf.

*So schnell? Sie sollten noch nicht hier sein!* Seine Gedanken rasten. *Wie können die Menschen sich in so kurzer Zeit so weit ausbreiten?*

Der Tiger duckte sich tief ins Unterholz und schob sich langsam vorwärts. Er musste der Sache auf den Grund gehen. Das

Gebüsch gab seinem massigen gestreiften Körper perfekte Deckung.

Doch der Tiger wusste nicht, dass ein Späher der Menschen hoch oben in einem Baum saß und mit einem Fernglas aufmerksam die Umgebung absuchte.

Der Warnruf kam völlig unerwartet. „Achtung, ein Tiger!", fuhr es dem König des Dschungels durch Mark und Bein.

Fluchend zog sich der Tiger zurück. Aber das Gebüsch war dicht und unwegsam. Er hörte aufgeregte Rufe. Und Schritte. Viele Schritte. Dann donnerte ein ohrenbetäubender Knall in seinem Kopf. Der Tiger knurrte. Ein durchdringendes Piepsen legte sich auf seine gequälten Ohren. Und wieder knallte es. Noch lauter. Noch furchterregender.

Fauchend sprintete er durch das Unterholz. Äste und Sträucher zerfetzten ihm das Fell. Aber das war ihm egal. Er wollte nur fort, weg von diesem unheilvollen Donner.

Der nächste Knall. Ein Jaulen entfuhr seiner Kehle. Heiß und brennend biss ihm etwas in die linke Flanke und ließ ihn straucheln. Der jähe Schmerz brachte die gewaltige Katze ins Wanken.

Die Stimmen wurden lauter. Und die Schritte kamen näher.

Humpelnd kämpfte sich der Tiger durch das Dickicht. Die Wunde brannte wie Feuer. Doch seine Verfolger ließen ihm keine Atempause. Er sackte zusammen. Rappelte sich wieder hoch. Hinkte mit schmerzverzerrtem Gesicht weiter. Bis die Stimmen leiser wurden und die Schritte verstummten.

Erschöpft ließ er sich ins Gesträuch fallen. Sein Körper bebte. Schwer atmend biss er die Zähne aufeinander, um nicht laut loszubrüllen. Er hatte die Menschen unterschätzt. Ein sträflicher Fehler.

*Was ist, wenn sie mich weiter jagen? Wenn mehr von ihnen kommen und meine Fährte aufnehmen? Was ist, wenn dieses Ding, das mich gebissen hat, meinen Körper vergiftet?* Die Angst schnürte ihm die Kehle zu.

Da hörte er in der Ferne eine vertraute Stimme. Langsam kroch er näher. Seine Beine zitterten vor Anstrengung. Aber er war sich ganz sicher. Das waren keine Menschen. Es war der Papagei.

Der Papagei saß allein auf einem Baumstumpf und hielt wild gestikulierend eine feurige Rede. Angestrengt kniff der Tiger die Augen zusammen, doch er konnte kein Publikum erkennen. „Ein Tiger ist stark! Stärker als wir alle!", flötete der Papagei seinen fiktiven Zuhörern zu und hob mahnend den rechten Flügel in die Höhe. „Und doch können vier Prozent Kampfgewicht und eine Reviererweiterung von zehn Prozent auch einem Tiger nicht schaden. Ganz im Gegenteil! Welche Vorteile das haben könnte. Die Informationen sind da, warten förmlich darauf, gewinnbringend eingesetzt zu werden. Und zehn Prozent mehr Geburten als Todesfälle sind nicht von der Hand zu weisen. Hör auf dein Herz, und lasse dich von diesen leuchtenden Beispielen leiten!"

Die Worte hallten durch den Wald und verstummten. Dann hüpfte der Papagei von dem Baumstumpf und ließ kraftlos den Kopf und beide Flügel hängen.

„Ich kann üben, üben und nochmals üben", seufzte der Papagei resigniert. „Am Ende werden wir den Tiger ja doch nicht überzeugen. Und dann war alles umsonst."

Da kroch der Tiger schwer atmend aus seinem Versteck hervor und blickte den Papagei mit einer Mischung aus Mitleid und Wehmut an.

Der kunterbunte Vogel starrte auf die sonst so majestätische Raubkatze. Sie war nur noch ein Schatten ihrer selbst. Schwer atmend lag sie kraftlos vor ihm am Boden und zitterte wie Espenlaub. Dann streiften die Augen des Papageien die Flanke und sahen das viele Blut, das aus der Wunde trat.

„Vielleicht müsst ihr mich gar nicht mehr überzeugen", flüsterte der Tiger müde. „Die Menschen haben mich bereits eines Besseren belehrt."

Dann brach er zusammen, und seine Welt wurde schwarz.

*Praxistransfer:*
Sie können bottom-up viel auf den Weg bringen. Aber ein wirklich datengetriebenes Unternehmen können Sie nur werden, wenn Sie Ihre Führungsebene top-down mitnehmen und sie von den Vorteilen überzeugen. Die Tiere des Dschungels haben dies erkannt, und der Papagei hat noch einmal viel Aufwand in diese Kommunikation investiert.

Der Tiger musste es auf die harte Tour lernen und kam spät und auf melodramatische Weise zu der Erkenntnis, dass er wohl den falschen Pfad eingeschlagen hat.

Es muss nicht so dramatisch sein, dass die Kollegen, welche Daten zu Beginn ignorieren, kapital scheitern. Versuchen Sie, das zu verhindern und diese Zweifler (speziell die aus der Führungsebene) vorher anhand von konkreten Mehrwerten, greifbaren Ergebnissen und messbaren Resultaten mitzunehmen. Achten Sie darauf, dass es Ihnen nicht so geht wie dem Papagei, der in diesem Kapitel leider schlicht und ergreifend zu spät kam.

## Eine neue Welt

Hastig flatterte der Papagei durch das Gebüsch. Zweige peitschten auf seine Flügel. Dornen bohrten sich in das stolze bunte Federkleid. Aber der keuchende Papagei ignorierte den Schmerz. Tapfer preschte er weiter voran, suchte wie von Sinnen das Unterholz ab. Denn es gab nur einen, der nun noch helfen konnte. Und der war alles andere als einfach zu finden.

Da erblickte der Papagei eine scheue Bewegung. Etwas Großes zog sich langsam ins Dickicht zurück.

„Nein, geh nicht!", rief der Papagei, und Verzweiflung sprach aus seiner gebrochenen Stimme. Der Tiger wurde im Urwald nicht geliebt. Doch er wurde gehört, gefürchtet und respektiert. Was wäre ihr Dschungel ohne die mächtigen Pranken des Tigers? Und welche Zukunft hatten sie, wenn er für immer verloren war?

„Warte, wir brauchen deine Hilfe!"

„Meine Hilfe?", wisperte eine scheue Stimme.

„Ja, deine heilenden Kräfte."

Vorsichtig lugte ein kleiner, schmaler, spitz zulaufender Kopf hinter einem Baumstamm hervor. „Meine heilenden Kräfte?"

„So ist es."

Das Riesenschuppentier beugte sich mit gerunzelter Stirn über den bewusstlosen Tiger, den der Elefant und das Nashorn mit vereinten Kräften auf einer behelfsmäßigen Trage aus Ästen und Sträuchern durch den Dschungel getragen hatten.

„Etwas steckt in seiner Flanke", murmelte das Riesenschuppentier nachdenklich. „Es tritt kaum noch Blut aus, aber der Tiger hat viel Lebenssaft verloren."

„Wie können wir ihm helfen?", fragte der Papagei ungeduldig.

Das Riesenschuppentier fühlte die Stirn der gewaltigen Raubkatze. „Heiß! Viel zu heiß."

„Sollen wir Wasser holen?", bot der kreidebleiche Elefant an.

„Kühlende Umschläge aus feuchten Blättern?", rief das Nashorn mit zitternder Stimme.

Ihnen allen ging das Schicksal des Tigers sehr nahe. Gerade er, der immer so stark und unbezwingbar gewesen war.

„Wir müssen die Ursache des Übels bekämpfen", sagte das Riesenschuppentier. „Die Wunde hat sich entzündet."

Es löste eine Schuppe von seinem massigen Körper und zerrieb sie mit einem Stein zu einem feinen braunen Pulver. Interessiert beobachteten der Papagei, der Elefant und das Nashorn jede noch so kleine Bewegung.

„Wir müssen hoffen, dass wir die Entzündung stoppen können", flüsterte das Riesenschuppentier und pustete vorsichtig den Staub seiner Schuppe direkt auf die Wunde.

„Jetzt heißt es Warten."

Der Papagei flatterte aufgeregt von Ast zu Ast. Der Elefant trat unruhig von einem Bein auf das andere. Und das Nashorn rieb pausenlos sein spitzes Horn an einem alten Baum.

Plötzlich brachen der Gepard und der Jaguar keuchend durch das Gebüsch. „Wir haben alles versucht!", japsten sie.

„Und?", erkundigte sich der Papagei erwartungsvoll. „Habt ihr etwas gefunden?"

„Wir haben den Katalog durchforstet, die Bäume befragt, sogar den weisen Delfin um Rat gebeten ..."

„Nun spannt uns nicht auf die Folter!", polterte der Elefant ungehalten. „Redet endlich!"

„Nichts", beichteten der Gepard und der Jaguar. „Wir haben rein gar nichts gefunden."

„Aber es muss doch irgendetwas dazu geben."

„Nein. Nichts. Gar nichts", wiederholte der Gepard.

„Offenbar gibt es zu diesem Fall keine Erfahrungswerte", ergänzte der Jaguar.

Da regte sich der Tiger. Mit schmerzverzerrtem Gesicht sah er von einem Tier zum anderen.

„Wie steht es um mich?" Seine Stimme war nicht mehr als ein heiseres Wispern.

Das Riesenschuppentier fühlte die Stirn des Tigers und senkte niedergeschlagen den Blick. „Das Fieber ist gestiegen."

Die wehmütigen Augen der Raubkatze erfassten den Papagei, der tapfer versuchte, seine Tränen herunterzuschlucken.

„Da habe ich es einmal gewagt, über meinen Schatten zu springen", flüsterte der Tiger. „Und dann lasse ich mich von so einer dämlichen Menschenteufelei niederstrecken."

„Du konntest ja nicht wissen, dass sie dich mit ihrer Zauberei aus der Ferne niederstrecken können", schniefte der Papagei und legte mitleidig seinen Flügel auf den Bauch des Verwundeten, der sich in mühevollen Atemzügen hob und senkte.

Die zusammengebissenen Reißzähne des Tigers verzogen sich zu einem sarkastischen Grinsen. „Ja. Hätte ich es gewusst, wäre ich gewiss in Deckung gegangen."

Dann umfing ihn erneut die Schwärze.

„Aber wir müssen doch irgendetwas tun können!", schrie der Papagei verzweifelt.

Die anderen Tiere schüttelten schweigend den Kopf und blickten zu Boden.

„So schnell gebe ich nicht auf!", rief der Papagei zitternd. „Nicht mit mir!"

Und dann flog er davon, bis ihn die fernen Baumwipfel verschluckten.

„Armer Papagei", murmelte der Elefant. „Er trug von uns allen die größte Hoffnung im Herzen."

Schluchzend kauerte der Papagei auf einem Ast. Dicke Tränen tropften von dem bunten Federkleid. Als er die Augen wieder öffnete, saßen zu seiner Rechten und seiner Linken zwei Kolibris und betrachteten ihn mitleidig.

„Was ist mit dir?", fragten sie mit hellen, klaren Stimmen, die wie Glocken klangen.

„Es ist der Tiger …", schniefte der Papagei. „Er liegt im Sterben. Und wir können nichts für ihn tun."

„Weshalb denn nicht?"

„Im ganzen Urwald gibt es keine Informationen, wie man ihn heilen kann."

„Aber unser Urwald ist doch nicht der einzige Wald in der Welt."

Mit weit aufgerissenen Augen blickte der Papagei auf und starrte den winzigen Kolibri an. „Nicht der einzige Wald?", stammelte er fassungslos.

„Natürlich nicht. Wir haben auf unseren Reisen schon viele Wälder gesehen."

„Viele Wälder …", grübelte der Papagei. Dann hellte sich seine Miene urplötzlich auf. „Ihr seid Genies!"

Der Schwarm der Kolibris war gewaltig. Mit flinken Flügelschlägen schwebten sie lautlos in der Luft und lauschten den Instruktionen des Papageien.

„Es geht um unser aller Überleben! Schwärmt aus, wackere Kolibris, um unseren König des Dschungels zu retten! Fliegt los und findet andere Wälder in fernen Ländern. Und kehrt alsbald zurück und bringt uns Informationen, wie wir den Tiger heilen können."

Aufgeregt flatterten die Kolibris auf und ab.

„Nehmt diese Zweige mit auf eure Reise. Sie stammen von der Lichtung, wo das magische Horn des Einhorns den Boden berührt und die Informationen zum Leben erweckt hat. Vielleicht könnt ihr die Informationen aus fernen Wäldern in diesen Ästen speichern."

Und die Schar der Kolibris stob davon. Ihre winzigen Flügel trugen sie in alle Himmelsrichtungen. Und der Papagei starrte ihnen neidisch nach.

„Fliegt schnell, meine kleinen Freunde. Denn die Zeit rennt …"

*Praxistransfer:*

In diesem Kapitel machen die Tiere einen weiteren Schritt auf ihrer datengetriebenen Reise: Zum ersten Mal gehen sie über die internen Daten ihres Dschungels hinaus und beginnen, externe Datenquellen zu erschließen.

Externe Datenquellen werden immer entscheidender, um in schnelllebigen, dynamischen Geschäftsfeldern eine umfassende Entscheidungsbasis zur Verfügung zu stellen.

Ergänzen Sie Ihre internen Daten sinnvoll und suchen Sie gezielt nach den fehlenden Puzzleteilchen, um eine vollständige Datenbasis zu schaffen, die Sie für Ihr Unternehmen benötigen.

Informieren Sie sich über geeignete Marktplätze für Daten und prüfen Sie Datendienstleister in Ihrer Branche.

Denken Sie dabei möglichst breit, welche Art von externen Daten Ihrem Unternehmen den größten Mehrwert bieten. Ist es in Ihrem Umfeld wichtig, Daten aus sozialen Medien zu analysieren? Spielen Wetterdaten in Ihrem Geschäftsfeld eine Rolle? Liegen Ihnen alle erforderlichen Marktinformationen wie Marktanteile oder vollständige und aktuelle Produktstammdaten vor?

Seien Sie kreativ, aber behalten Sie stets Kosten und Nutzen im Auge, da der Zukauf von externen Daten auch Kosten verursacht. Stellen Sie sicher, dass Ihre Dateninvestitionen wiederverwendbar sind, indem Sie sich innerhalb Ihres Unternehmens gut abstimmen, welche externen Daten bereits erschlossen wurden und wie diese verwendet werden können. Hier spielt unter anderem auch der Datenkatalog eine entscheidende Rolle.

## Das Orakel

Und die kleinen Kolibris flogen. Sie flogen schnell, sie flogen weit, und sie alle brachten Äste mit, die bis zum Bersten mit Informationen aus anderen Wäldern gefüllt waren.

Hastig eilte der Papagei zum Riesenschuppentier und verkündete die guten Nachrichten.

„Wie geht es ihm?", erkundigte er sich mit einem besorgten Blick zum schlafenden Tiger, dessen Brust sich bei den gequälten Atemzügen kaum noch hob und senkte.

„Es sieht nicht gut aus", flüsterte das Riesenschuppentier. „Er war seit Stunden nicht mehr wach und ist sehr, sehr schwach."

„Komm kurz mit mir", bat der Papagei und führte das Riesenschuppentier zu einem mächtigen Baumstamm. Rund um den Baum steckten zahllose kleine Äste im Boden. Neugierig sah sich das Riesenschuppentier um. „Jetzt werden wir sehen, ob wir den Tiger noch retten können."

Wie auf ein Stichwort brachen der Jaguar und der Gepard aus dem Unterholz hervor und machten sich ans Werk. Mit flinken Pfoten ritzten sie einen Tierkörper und einen Menschen mit einem Gewehr in die Baumrinde. Es raschelte leise in den Baumkronen. Konzentriert beobachtete das Riesenschuppentier jede Bewegung der Blätter. Schweiß perlte von seiner Stirn. Dann nickte der Heiler des Waldes bedächtig.

„Hilft dir das weiter?", drängte der Papagei.

Das Riesenschuppentier legte die Schuppen in Falten. „Womöglich", sagte es geheimnisvoll.

„Weißt du, was wir tun müssen?"

„Ja. Das Ding nennt sich Kugel, das im Körper des Tigers feststeckt und ihn von innen vergiftet. Diese Kugel müssen wir entfernen. Dann erst wird das Pulver meiner zermahlenen Schuppen ihre volle Wirkung entfalten." Es machte eine kurze Pause. „Wenn wir nicht zu spät kommen."

„Dann lasst uns loslegen!", rief der Gepard aufgeregt.

Und so führte das Riesenschuppentier nach der Anleitung der Baumwipfel die erste Operation in der Geschichte des Dschungels durch. Der Tiger war schwach, mit rasselndem Atem an der Schwelle des Todes gebettet. Aber die Kugel war entfernt.

Der Jaguar musterte den Tiger, wie er sich zuckend in unkontrollierten Fieberkrämpfen wand. „Hat es funktioniert?"

„Ich habe alles nach Plan durchgeführt", stöhnte das Riesenschuppentier erschöpft. „Nun können wir nur noch warten."

Zwei Tage später saß der Papagei am Krankenbett des Tigers. Das mächtige Raubtier sah schon viel kräftiger aus. Die Bewegungen wirkten geschmeidiger. Das Fieber war verschwunden. Und er hatte wieder Appetit auf rohes Fleisch.

„Wie geht es dir heute?"

„Viel besser", bestätigte der Tiger erleichtert. „Ihr habt mir das Leben gerettet, meine Freunde."

Der Papagei musterte den gestreiften Muskelberg. „Du siehst sehr nachdenklich aus", stellte er mit ernster Miene fest.

„Erinnerst du dich noch an unser Gespräch, als ich vom Fieber geplagt im Sterben lag?", fragte der Tiger.

„Das fragst du mich? Du warst doch der Weggetretene", neckte der Papagei.

„Vielleicht bin ich in diesem Zustand manchmal weiser, als wenn es mir gut geht."

„Wie meinst du das?"

„Hätte ich gewusst, dass sie auf mich schießen werden, wäre ich gewiss in Deckung gegangen."

„Ja, das wäre vernünftig gewesen."

Der Tiger nickte. „Ihr habt schon viel erreicht. Aber ihr lauft den Informationen stets nur hinterher. Ihr blickt zurück, versucht zu verstehen, was ist."

„Ja, das tun wir. Und so viel hat sich dadurch verbessert."

„Aber wäre es nicht noch besser, zu wissen, was sein wird?"

Dem Papagei stockte der Atem. „Wir sollen … in die Zukunft blicken?"

Der Tiger lächelte. „Wir sollten die Informationen verwenden, um ein wahrscheinliches Bild von der Zukunft zu zeichnen, ja."

Fassungslos starrte der Papagei den Tiger an. Seine Gedanken überschlugen sich. Die heisere Stimme des bunten Vogels war nicht mehr als ein ehrfürchtiges Flüstern: „Du … bist ein Genie!"

Das tiefe Brummen der Raubkatze war beinahe sanft für ein tödliches Raubtier seiner Größe. „Ich spinne nur die Gedanken weiter, die ihr so tollkühn in die Welt getragen habt."

Der Dschungel war in Aufruhr. Blätter raschelten. Äste knackten. Tiere streiften durch das Unterholz. Und an der Sonnenlichtung kamen sie alle zusammen, um ihr gemeinsames Informationsprojekt zu revolutionieren.

Stark und erhaben trat der Tiger in die Mitte des gewaltigen Kreises. Er hinkte noch leicht, aber das tat der majestätischen

Aura keinen Abbruch. Sein feuriger Blick streifte die Tiere des Waldes. Und sie waren erfüllt von Stolz und Dankbarkeit. Seine kraftvolle Stimme hallte durch die Lichtung.

„Eine beeindruckende Reise habt ihr gestartet, liebe Freunde. Und auch wenn ich anfangs skeptisch war, so haben eure tollen Ideen mich letzten Endes gerettet. Und dafür danke ich euch allen!" Wie gebannt hingen die Bewohner des Dschungels an seinen Lippen. „Nun ist es an der Zeit, dass wir den nächsten Schritt gehen. Lasst uns eure Vision weiterentwickeln und die Menschen ein für alle Mal aus unseren Landen vertreiben!"

Jubel brandete über die Lichtung wie ein Donnergrollen. Der Tiger bleckte kampfeslustig seine fürchterlichen Reißzähne.

„Es ist gut, dass wir die Vergangenheit kennen. Doch was war, vermag niemand mehr zu ändern. Die Zukunft ist es, für die wir unseren Blick schärfen müssen."

„Aber wie sollen wir in die Zukunft blicken?"

Der Gepard trat an die Seite des Tigers. „Es gibt Muster in den Informationen, wiederkehrende Entwicklungen."

„So ist es", rief der Tiger. Seine Augen blitzten. „Es ist gut zu wissen, wo es aktuell das beste Fressen gibt. Aber noch besser ist es, sein Revier dort aufzuschlagen, wo es in Zukunft das beste Fressen geben wird!"

Die Tiere nickten aufgeregt. Der Bär leckte sich schmatzend über das Maul.

„Und es ist gut, zu wissen, wo sich die Menschen aktuell ausbreiten. Aber noch wichtiger ist es, dass wir verstehen, was sie als Nächstes vorhaben. Dann können wir Vorkehrungen treffen, Fallen stellen. Und womöglich gelingt es uns, ihre Pläne zu vereiteln!"

Ohrenbetäubender Jubel erfüllte die Lichtung im Herzen des Urwalds. Die Tiere wussten, dass sie mit der vollen Unterstützung des Tigers eine Chance hatten.

„Ich sehe die Hoffnung und die Zuversicht in euren Augen funkeln", sprach der Tiger, und seine Stimme bekam einen mahnenden Unterton. „Doch die Menschen sind mächtig und gefährlich! Ich habe es am eigenen Leib erfahren. Wenn wir das drohende Unheil abwenden wollen, dann müssen wir uns auf das wichtigste Thema fokussieren: Auf die Frage, wie wir die Menschen aufhalten können."

Die Tiere lauschten angestrengt.

„Keine Spielereien mehr, keine unnötigen Nebenkriegsschauplätze. Die Menschen haben nun unsere volle Priorität!"

„Aber wir müssen doch auch fressen!", protestierte der Bär.

„Ja, das müssen wir. Aber wenn die Menschen den gesamten Urwald abgeholzt haben, werden wir in jedem Fall verhungern!"

Die düstere Aussicht hallte bedrohlich von den Bäumen wieder.

„All unsere Gedanken müssen sich nun darauf richten, Vorhersagemodelle zu entwickeln und ihre Genauigkeit zu testen. Von nun an kommen wir an jedem dritten Tag hier auf der Sonnenlichtung zusammen. Und jeder bringt seine Modelle, Testergebnisse und Informationen mit. Auf dieser Basis fällen wir gemeinsam die Entscheidung, wie wir die Menschen stoppen!"

Und die Tiere des Waldes gehorchten und machen sich ans Werk.

*Praxistransfer:*

In diesem fundamentalen Kapitel haben die Tiere des Dschungels zwei bahnbrechende Fortschritte gemacht. Zum einen entwickeln sie ihr Projekt in Richtung Advanced Analytics weiter. Und zum anderen erfahren sie zum ersten Mal wahre datengetriebene Führung durch den Tiger.

Viele interessante Use Cases können durch rückwärtsgerichtetes Reporting abgedeckt werden. Der Blick in die Vergangenheit, das Verstehen von Zusammenhängen und die Analyse von Entwicklungen sind wertvolle Quellen, um gute Entscheidungen zu fällen.

Aber die Zukunft vorhersagen zu können ist ein noch viel mächtigeres Werkzeug, das Sie auf keinen Fall außer Acht lassen sollten. Verwenden Sie die existierenden Daten aus Ihrem Reporting-System, und analysieren Sie, wie Sie anhand der Datenmuster qualitativ hochwertige Vorhersagemodelle entwickeln können. Gibt es in Ihrem Data & Analytics-Team bereits Data Scientists, die sich auf diese Verknüpfung von mathematischen und statistischen Kenntnissen, IT-Know-how und betriebswirtschaftlichem Verständnis spezialisiert haben?

Dadurch können Sie der Konkurrenz immer einen Schritt voraus sein, indem Sie beispielsweise Entscheidungsprozesse mit zuverlässigeren Prognosen verbessern oder Ihre Marketing- und Verkaufsstrategien durch die Vorhersage von Kundenverhalten optimieren.

Diesen Schritt hat der Tiger in seiner majestätischen Führungsstärke mit einer ganz wichtigen Entwicklung verknüpft: Er hat wahre datengetriebene Führung demonstriert und eine datengetriebene Meetingkultur etabliert.

Haben Sie in Ihren Meetings klare Regeln, dass Entscheidungen auf Basis von Daten, Vorhersagemodellen und Fakten getroffen werden sollen?

Der wichtigste Erfolgsfaktor dabei ist, dass die Führungskraft selbst diese Kultur vorleben muss, indem sie bei Entscheidungen nicht als „Hippo" (highest paid person's opinion) agiert und aufgrund ihrer organisatorischen Machtposition die Entscheidungen fällt, die sie – Daten und Fakten ignorierend – für richtig hält.

Erst wenn Führungskräfte Entscheidungen unabhängig von ihrer Position auf Basis der vorliegenden Faktenlage treffen, können sie eine wirklich datengetriebene Meetingkultur etablieren, die sich durch Transparenz und einen offenen, auf Daten und Fakten basierenden Diskurs auszeichnet.

Und wenn dann noch die datengetriebene Energie auf ein konkretes Ziel gelenkt wird, wie es der Tiger mit seiner klaren Priorisierung macht, um den zuweilen etwas abgeschweiften und in ihre datengetriebenen Nebenschauplätze selbstverliebten Tieren den richtigen Fokus aufzuerlegen, dann steht einer datengetriebenen Führungskultur nichts mehr im Weg.

Aber es gibt noch eine weitere wichtige Lehre aus diesem Kapitel: Verschließen Sie nie die Tür! Die Tiere des Waldes hätten den Tiger mit Ignoranz für sein früheres Verhalten abstrafen können. Doch stattdessen haben sie den geläuterten Tiger mit offenen Armen empfangen.

Auch Sie werden auf Ihrer datengetriebenen Reise gewiss Skeptikern begegnen. Denn jeder Mensch geht auf andere Weise mit Veränderung und neuen Ideen um. Mit Ihren datengetriebenen Erfolgen können Sie einige Spätzünder von Ihrem Weg begeistern. Halten Sie die Tür stets offen und heißen Sie alle Kollegen willkommen, die auf den fahrenden Zug aufspringen möchten!

## Zusammenfassung Teil 3

Die Tiere des Waldes hatten bereits ein starkes Fundament für einen datengetriebenen Dschungel geschaffen, aber die Nutzung der Informationen war noch nicht so ausgereift, um von einer vollumfänglichen Datenkultur sprechen zu können.

Doch durch gezielte Leuchtturmprojekte vermochten sie selbst die letzten Zweifler zu überzeugen und durch eine Fügung des Schicksals mit dem Tiger ihre wichtigste Führungsfigur einzubinden.

Durch die Erschließung externer Datenquellen und die Einführung von Predictive Analytics vollziehen die Tiere die letzten Schritte zu einem datengetriebenen Dschungel, in dem auch die Führungs- und Entscheidungskultur auf Daten, Informationen und Fakten und nicht mehr auf dem Recht des Stärkeren fußen.

# Teil 4

… in dem die Tiere des Waldes ihren Umgang mit Daten professionalisieren und ihren Methodenkoffer erweitern.

## Die Schattenseiten der Macht

Gähnend ließ sich das Faultier am grünen Ufer des kleinen Sees nieder und genoss die letzten Strahlen der Abendsonne, die langsam hinter den fernen Baumwipfeln verschwand. Es war ein malerischer Anblick, und das Faultier liebte es, in Ruhe und Abgeschiedenheit zu dösen. Tief sog es den erdigen Duft des feuchten Bodens in seine Nase und seufzte wohlig.

Da hörte das Faultier kleine, tapsige Schritte. Mit einem Augenrollen drehte es sich auf den Bauch und spähte zum Ufer. Angestrengt starrte es auf die Stelle, wo es das Geräusch vermutet hatte. Aber dort war nichts. Oder doch?

Eine unscheinbare Bewegung erregte seine Aufmerksamkeit. Wie ein unsichtbarer Schatten, der am Ufer entlang kroch, um sich an dem wohlschmeckenden frischen Wasser des Sees zu laben.

„Hätte ich mir ja denken können", lachte das Faultier schließlich. „Das Chamäleon!"

Ertappt hob der schuppige Leguan den Kopf und starrte das Faultier an. „Ach, du bist es!" Das Chamäleon stieß erleichtert die Luft aus den Lungen.

„Wozu die Vorsicht?"

„Was meinst du?"

„Naja, es ist doch nicht normal, dass du dich beim Trinken am Seeufer so aufwändig tarnst, dass man glauben könnte, man habe ein Gespenst gesehen."

„Ach so … Nun ja …", druckste das Reptil herum.

„Nun sag schon. Was ist denn los?"

„Ich … nun ja … Ich habe Angst!"

„Angst?" Das Faultier rollte skeptisch mit den Augen. „Aber wovor denn? Wir leben im Zeitalter der Dschungelinformationen.

Die Blätter zeigen dir an, wo du bedenkenlos essen und trinken kannst. Und wo ich ruhig und ungestört schlafen kann. Nun können wir auch noch Voraussagen erstellen. Und bald werden wir selbst die Menschen in ihre Schranken verweisen. Wovor sollten wir Tiere noch Angst haben?"

Das Chamäleon blickte nervös nach links und nach rechts. Dann kroch es näher an das Faultier heran und flüsterte verschwörerisch: „Hast du dich nie gefragt, wem das Ganze nützt? Hast du dich nie gefragt, wer welchen Vorteil daraus ziehen kann?"

„Nein, ich bin gerade glücklich und zufrieden und konnte noch nie zuvor so faul und entspannt in der Abendsonne liegen."

„Das sieht dir ähnlich", wisperte das Chamäleon vorwurfsvoll. „Naiv und bedenkenlos wie eh und je."

„Ja, aber warum denn nicht? Das Leben ist viel zu schön, um sich den ganzen Tag mürrisch den Kopf zu zerbrechen!"

Aber das Reptil ließ sich nicht beirren. „Schau dir nur dieses Ufer hier an. Der Wald weiß genau, dass es hier reines und gesundes Trinkwasser gibt. Und weiß er nicht auch, wer hier ein- und ausgeht, wer wann hier trinkt? Kann man nicht alle unsere Verhaltensmuster von den Bäumen erfragen?"

„Natürlich kann man das. Aber das ist ja der Zauber dieser neuen Welt. Die Magie, mit der wir unsere Leben vereinfachen konnten."

„Aber was, wenn jemand Hintergedanken hat?"

„Hintergedanken?"

„Was ist, wenn der Tiger einmal hungrig ist? Und wenn er die Bäume des Waldes fragt, wo er heute leichte Beute machen kann, indem er zum Beispiel ein missmutiges Chamäleon und ein naives Faultier beim Trinken am Ufer eines Sees überraschen kann?"

Wie vom Blitz getroffen fuhr das Faultier herum. Hastig suchte es die Umgebung ab. Es glaubte beinahe, den heißen Atem des Tigers in seinem Nacken zu spüren, und begann unwillkürlich zu zittern.

„Meinst du wirklich, er würde so etwas Schändliches tun?",
krächzte es panisch.

„Ich weiß es nicht … Und das macht mich nervös."

Die Gemeinschaft der Tiere war wie immer gut besucht. Freudig
blickte die Schlange in die illustre Runde. Eine gespannte Erwartung lag in der Luft.

Es herrschte abwartende Stille. Alle Köpfe drehten sich in
Richtung des Tigers, des neuesten und prominentesten Mitglieds
ihrer Austauschrunde.

„Warum blickt ihr mich so an?", fragte die Raubkatze verwundert.

„Ähm … ich dachte … du …", stammelte die Schlange
unsicher.

Da lachte der Tiger schallend. „Aber bist nicht du der Moderator dieser Gemeinschaft? Ich kann froh sein, dass ihr mich überhaupt in eurer Runde willkommen heißt."

„Nun gut", zischte die Schlange mit neuer Selbstsicherheit.
„Dann lasst uns beginnen! Gibt es Vorschläge für die Tagesordnung?"

Das Faultier und das Chamäleon überschlugen sich beinahe,
um ihren Punkt als Erste anzubringen: „Schattenseiten!", riefen
sie völlig außer Atem. „Die Schattenseiten der Macht!"

Die Schlange warf dem Tiger und dem Elefanten einen skeptischen Blick zu. „Schattenseiten? Was soll das sein?"

Das Faultier stupste das Chamäleon hektisch an. „Nun erzähl
schon!"

„Nein, mach du!", flüsterte das schuppige Reptil. „Ich trau
mich nicht!"

„Nun mach schon, du kannst es besser erklären!"

„Aber der Tiger ist auch da … Der nimmt mir das bestimmt
übel!"

Ungeduldig räusperte sich die Schlange. „Wollt ihr uns nun erklären, was es damit auf sich hat, oder sollen wir diesen Punkt vertagen?"

„Vertagen?", wiederholte das Chamäleon mit vor Aufregung ganz piepsiger Stimme. „Nein, auf keinen Fall!" Auf wackligen Füßen kroch das Reptil in die Mitte des Kreises und blickte sich zitternd um.

„Ich finde unsere neuen Wege ja auch gut", begann es leise. Das Chamäleon war es ganz und gar nicht gewohnt, im Rampenlicht zu stehen. „Aber manchmal geben sie mir auch Grund zur Sorge. Der Wald beherbergt nun so viele Informationen. Was ist, wenn das alles außer Kontrolle gerät?"

„Aber dafür haben wir doch ein Regelwerk erarbeitet, damit wir die Vielfalt der Informationen beherrschen können", warf der Elefant in seiner Rolle als oberster Gouverneur ein.

„Das meine ich nicht", erklärte das Chamäleon. „Es geht mir nicht um die Kontrolle, wie wir eine hohe Informationsqualität sicherstellen. Es geht mir um die Kontrolle, was wir mit den Daten machen!"

Der Affe kratzte sich verwirrt am Kopf. „Das verstehe ich nicht!"

„Wir alle haben unterschiedliche Interessen. Die Raubtiere wollen fressen. Aber ich will nicht gefressen werden. Ich möchte aus sicheren Gewässern meinen Durst stillen. Doch so bin ich vorhersehbar. Der Wald kennt meine Gewohnheiten. Und nun, da wir diese bahnbrechenden Vorhersagemodelle haben, ist es nicht schwer, die Bäume zu fragen, wann ich wo sein werde, um aus einem See zu trinken."

Mit bekümmerten Augen hingen die Tiere des Waldes dem Chamäleon an den Lippen. Der Blick des Reptils erfasste den Tiger, stolz und mächtig. Und tödlich. „Und das heißt … ich meine, wenn …" Das Chamäleon wagte nicht, es auszusprechen.

Der Tiger trat einen Schritt nach vorn, stolzierte in die Mitte des Kreises. „Und das heißt, wenn ein Raubtier wie ich diese

Informationen verwendet, um deine Schritte vorherzusagen, können wir dir auflauern und dich fressen."

„Genau", schluchzte das Chamäleon, und alle Tiere litten mit ihm.

„Wir verstehen dich", sagte der Elefant nachdenklich, an das Chamäleon gewandt. Dann hob er den Kopf, blickte jeden Einzelnen durchdringend an. Die tiefe Stimme des Elefanten grollte durch die Reihen. „Doch wir dürfen nicht den Kopf in den Sand stecken, sondern müssen eine Lösung für das Problem finden."

„So sehe ich das auch", zischte die Schlange. „Lasst uns gemeinsam Ideen sammeln, wie eine Lösung aussehen könnte."

Und so geschah es. Die Tiere schrien ihre Vorschläge wild durcheinander. Bis das donnernde Brüllen des Tigers sie zur Ruhe brachte. „Hier versteht man ja sein eigenes Wort nicht mehr! Einer nach dem anderen!"

„Wir brauchen einen Ehrenkodex!", rief der Elefant.

„Genau. Und wer gegen diesen Ehrenkodex verstößt, dem werden die Informationen künftig vorenthalten!", fügte das Faultier hinzu.

„Das hört sich sehr gut an", stimmte der Tiger zu. „Wie wäre es, wenn der Elefant in seiner Rolle als Gouverneur diesen Vorschlag vorantreibt?"

Der Elefant nickte.

„Und wir brauchen eine Art Einstufung der Informationen", schlug das Nashorn als Nächstes vor.

„Was meinst du mit Einstufung?", wollte der Affe wissen.

„Wir müssen klar festlegen, welche Informationen nur mit Bedacht verwendet werden dürfen und unter den Ehrenkodex fallen."

„Gute Idee", entschied der Tiger. „Nashorn, willst du dich direkt darum kümmern?"

„Ja, sehr gerne."

Die Schlange bedeutete dem Chamäleon, seine Vorschläge zu benennen.

„Ihr wisst, ich bin nicht der Schnellste, und ein Kämpfer bin ich auch nicht."

„Aber du hast die beste Tarnung im ganzen Dschungel!", lobte das Faultier.

„So ist es. Und ich frage mich, ob man das nicht auch für die Informationen bewerkstelligen kann."

„Tarnung?"

„Warum nicht? In den Fällen, wo es nur um die Frage geht, wie viele Tiere zum Beispiel eine Trinkquelle nutzen, könnte man die Identität der Tiere verschleiern. So verliert die Kernaussage nicht an Wert, aber die Möglichkeiten, die Informationen misszuverwenden, werden eingeschränkt."

„Ich finde das eine hervorragende Idee", fand der Tiger. „Bitte erarbeite einen detaillierten Vorschlag, wie das aussehen könnte."

„Gerne", schniefte das Chamäleon. Doch diesmal weinte es nicht aus Angst, sondern aus Dankbarkeit und Erleichterung.

*Praxistransfer:*
In diesem Kapitel haben die Tiere des Waldes eine ganze Reihe wichtiger Themen adressiert, die unweigerlich mit der Entwicklung einer Datenkultur einhergehen.

Je mehr man mit Daten arbeitet, Informationen sammelt und verwendet, desto mehr muss man sich mit Datenschutz und Ethik auseinandersetzen.

Schon so oft in der Geschichte der Menschheit haben sich gerade die Mächtigen von ihrer Macht verführen lassen. Und das datengetriebene Unternehmen gebietet über eine Macht, die einem so viele Möglichkeiten eröffnet, dass sie auch dunkle Seiten hervorbringen kann.

Deshalb ist es absolut empfehlenswert, als Teil der Data Governance einen klaren moralischen Kompass zur Verfügung zu stellen, der den Mitarbeitenden und Datennutzern eine eindeutige ethische Orientierungshilfe bietet.

Denken Sie hier auch daran, den Betriebsrat Ihres Unternehmens einzubinden. Denn der Grat zwischen der Einsparung von Aufwänden oder Kosten durch die Optimierung von Arbeitsabläufen und dem heiklen Thema der Mitarbeiterüberwachung ist sehr schmal. Geben Sie Ihrem Betriebsrat einen Sitz im Ethikgremium, um die Mitarbeitervertretung aktiv in die Gestaltung einzubinden.

Aber Ethik ist nicht das einzige Thema. Spätestens seit der Einführung der Datenschutzgrundverordnung im Jahr 2018 muss sich zusätzlich zu ethischen Fragestellungen mit den gesetzlichen Rahmenbedingungen des Datenschutzes auseinandergesetzt werden. Beziehen Sie Ihren Datenschutzbeauftragten eng in Ihre Data Governance ein, um einen angemessenen rechtlichen Rahmen für Ihre Daten zu gewährleisten.

Hier kann neben Richtlinien auch die Maskierung von Daten, die das Chamäleon am Ende des Kapitels angeregt hatte, hilfreiche Lösungsansätze bieten.

## Schlank und schnell

Neugierig streifte der Gepard am Rand des Dschungels entlang. Er hatte ein Geräusch vernommen, das seine Aufmerksamkeit erregte. Wie Krallen, die immer wieder über eine Baumrinde fuhren. Beinahe so, als ob … Nein, das konnte nicht sein. Dazu waren die Töne zu regelmäßig, zu lange. Niemand war so ausdauernd.

Mit gerunzelter Stirn schob der Gepard das Dickicht ein wenig zur Seite und lugte durch die Öffnung der erfrischend duftenden grünen Zweige.

Seine Augen weiteten sich vor Überraschung. *Das kann doch nicht wahr sein!* Aber dort stand tatsächlich der Bär. Missmutig kratzte er sich am Kopf und zeichnete kurz darauf mit den scharfen Krallen seiner imposanten Pranken die nächsten Symbole in die Rinde eines Baums.

Beeindruckt blickte sich der Gepard um. Überall sah er Baumstämme, die von den unbeirrbaren Versuchen des Bären zeugten. In ihnen allen waren Strichmännchen, vage Konturen von Menschen, Bilder von gerupften Pflanzen und toten Tieren eingeritzt. *Was zum Geier hat er nur vor? Ist der Bär verrückt geworden?* Brummend blickte der Bär in die Baumwipfel hinauf, und sein Gesicht verzog sich zu einer wilden Fratze. Der Gepard zuckte erschrocken zusammen. Ein Donnern hallte durch den Dschungel. Und noch einmal schlug die mächtige Faust des Bären wütend auf den wackelnden Baum ein. „Nichts! Nichts! Und wieder nichts!", fauchte er außer sich.

„Bär, mein alter Freund", sagte der Gepard vorsichtig. Der Angesprochene zuckte zusammen und fuhr mit stechendem Blick herum. „Was bist du denn so fuchsteufelswild? Normalerweise seid ihr Bären doch eher gemütliche Zeitgenossen …"

Erschöpft ließ der Bär seinen massigen Körper zu Boden plumpsen und seufzte tief. „Seit Tagen versuche ich, eine Lösung zu finden. Ach, was sage ich, seit Wochen. Aber es will mir einfach nicht gelingen!"

Besorgt musterte der Gepard den Bären. Seine Augen sahen klein aus, geschwollen, mit tiefen Augenringen. Und er wirkte nicht ganz so schwer und massiv wie sonst. „Sag mal, hast du abgenommen?"

„Bestimmt", brummte der Bär. „Ich habe seit Tagen nicht gegessen. Das ist ja fast so schlimm wie der Winterschlaf. Aber geschlafen hab ich auch nicht."

„Was ist denn nur los mit dir?"

„Ich mache mir solche Sorgen!"

„Was bedrückt dich, mein Freund?"

„Bald ist es Zeit für den Winterschlaf. Was für ein schlechter Zeitpunkt!"

„Warum? Du machst das doch jedes Jahr."

„Ja, aber noch haben wir keine Möglichkeit gefunden, die Menschen aufzuhalten. Wenn ich mich in ein paar Wochen schlafen lege ... werde ich dann überhaupt wieder aufwachen? Wird unser Wald noch da sein?"

Mitfühlend legte der Gepard dem Bären eine Tatze auf die breite Schulter. „Ich verstehe. Und was ritzt du da in die Bäume?"

„Ich suche nach Antworten. Nach einer Lösung."

„Was genau ist deine Idee?"

„Ich arbeite an einem komplizierten Modell, wie wir die Menschen ein für alle Mal von hier vertreiben können."

„Und wie stellst du dir das vor?"

„Ganz einfach ... Was würde uns aus diesem Dschungel vertreiben?"

Der Gepard überlegte angestrengt. *Was würde einen Bären aus seiner Heimat vertreiben? Der Hunger natürlich. Was sonst?*

„Hunger?"

„Genau! Ich arbeite an Vorhersagemodellen, wie wir die Tiere in unserem Dschungel platzieren müssen, um den Menschen ihre Nahrungsgrundlage zu nehmen."

„Damit sie irgendwann den Rückzug antreten?"

„Ja, genau", bestätigte der Bär. „Das ist meine Idee. Wir hungern sie aus. Und vertreiben sie aus unserem Wald."

Der Gepard kratzte sich nachdenklich am Kopf. „Es tut mir leid, schlechte Nachrichten zu überbringen. Aber ich glaube nicht, dass das funktionieren wird."

„Nein?", fragte der Bär. „Aber Menschen müssen doch auch essen!" Er machte eine kurze Pause. „Oder nicht?"

„Doch, natürlich. Aber Menschen essen uns Tiere nur selten."

„Warum jagen sie uns dann?"

„Keine Ahnung. Aus Freude am Töten vielleicht."

Der Bär schüttelte traurig den Kopf. „Unfassbar, diese Menschen."

„Ja, da hast du recht", flüsterte der Gepard. „Ihre Nahrungsmittel werden ihnen meistens gebracht. Ich habe das schon einmal gesehen. Da kommen so Kisten aus Blech auf Rollen, und die bringen das Essen und Trinken."

Der Bär kratzte sich brummig am Kopf. Mit Tränen in den Augen begutachtete er die zahllosen Kunstwerke, die er so ausdauernd in die Bäume gekratzt hatte. „Dann war es alles umsonst? Dann hätte ich tagelang nach Herzenslust essen und trinken und den halben Tag nutzlos schlafen können, und wäre auch nicht weiter von einer Lösung entfernt als nach all diesen Mühen?"

„Ich finde deine Grundidee ja wirklich klasse", versuchte der Gepard seinen niedergeschlagenen Freund wieder aufzubauen.

„Aber woher hätte ich denn wissen sollen ..."

Grübelnd starrte der Gepard in den Wald. „Ja, woher hättest du das wissen sollen. Das ist eine tolle Frage, mein lieber Bär. Denn ich glaube, genau hier müssen wir ansetzen."

„Wie meinst du das?"

„Flexibel müssen wir sein. Und schnell. Schlank und schnell!"

„Na hör mal, schau mich doch mal an! Ich bin ein Bär! Sehe ich etwa schlank und schnell aus?", brummte der Bär mit einem sarkastischen Grinsen.

„Du darfst gerne bleiben, wie du bist", lachte der Gepard. „Aber unsere Handlungen müssen schlanker und schneller werden."

Der Bär kratzte sich am Kopf. „Das verstehe ich nicht."

„Schau mal, du hattest eine tolle Idee. Aber sie ist kompliziert, hat unzählige Variablen. Und so hast du dich ein wenig verrannt, hast tagelang versucht, nach Lösungen zu suchen. Aber vielleicht geht die Lösung in eine etwas andere Richtung. Du bist stur geradeaus gelaufen. Vermutlich hättest du auf deiner aufwändigen Reise in eine andere Richtung abbiegen müssen."

„Hm, das mag sein. Aber das sehe ich ja erst, wenn ich es ausprobiert habe."

„Ja, Scheitern gehört zur Ideenfindung dazu. Da bin ich ganz deiner Meinung. Doch dann müssen wir Wege finden, nicht nach tagelangen Torturen ohne Essen und Schlaf zu scheitern. Wir müssen schlank und schnell handeln. Und schlank und schnell scheitern!"

„Das klingt gut, selbst für einen trägen, fetten, langsamen Bären wie mich", brummte der Bär. „Aber wie hätte ich denn bei meinem Vorhaben schneller scheitern können?"

Der Gepard blickte gedankenverloren in den Himmel. „Wie bist du denn vorgegangen?"

„Nun ja, ich hatte diese Idee, die Nahrungsquellen zu unterbinden. Und dann habe ich versucht, ein Modell zu entwickeln, das mir sagt, wie wir das genau bewerkstelligen können."

„Aber so ein Modell ist ja unheimlich kompliziert, oder?"

Der Bär ließ den Blick über die zahllosen Bäume schweifen, in die er seine vielen Versuche geritzt hatte, und grinste breit. „Das kannst du laut sagen!"

„Wie wäre es gewesen, wenn du erst mal angefangen hättest, dir Gedanken zu machen, welche Informationen du dafür benötigst?"

Der Bär nickte langsam. „Hm ... das klingt sinnvoll."

„Dann hättest du im nächsten Schritt prüfen können, ob diese Informationen überhaupt vorliegen."

„Oh ja, genau!"

„Und falls nicht, hättest du die Idee gleich anpassen können, ohne viel Zeit zu verlieren."

„Meine Güte, was hätte ich in der Zeit alles verputzen können!"

„Und wenn die Informationen vorliegen, dann hätte man einen ersten Teilaspekt herausgreifen können, um anzutesten, inwieweit alles zusammenpasst."

Der Bär war hellauf begeistert: „Und bei jedem dieser kleinen Schritte kann ich problemlos anpassen, wenn etwas nicht so läuft, wie ich mir das erhofft habe."

„So wird selbst ein Bär schlank und schnell", lachte der Gepard.

Der Bär schlug sich mit der gewaltigen Pranke auf die Stirn: „Wir müssen sofort die Schlange suchen! Die Gemeinschaft muss von diesem neuen Vorgehen erfahren!"

Es raschelte in den Bäumen. Und die Schlange baumelte über den beiden verdutzten Köpfen von einem Ast herab und grinste den Bären und den Gepard verwegen an. „Nicht nötig", säuselte sie. „Ich habe alles mit angehört. Morgen schon werde ich die Gemeinschaft der Tiere einberufen."

„Hervorragend", rief der Gepard. Seine strahlenden Augen blitzten den Bären herausfordernd an. „Komm mit, wir müssen uns darauf vorbereiten."

Und der Bär trottete aufgeregt hinter dem Gepard her.

„Schlank und schnell", zischte die Schlange. „Das hätte von mir sein können!"

*Praxistransfer:*
Auch in Ihrem Unternehmen gibt es gewiss viele tolle Ideen. Und das ist gut so! Im ersten Schritt müssen Ideen auf den Tisch. Fördern Sie eine Kultur, in der Ihre Kollegen offen über ihre Ideen sprechen, und schaffen Sie einen Rahmen, in dem Ideen eingereicht und geprüft werden können.

Leider ist es in der Praxis kaum möglich, alle Ideen umzusetzen. Die Kunst besteht darin, die richtigen Ideen auszuwählen.

Dies sollte zunächst anhand einer Business-Case-Kalkulation erfolgen. Fokussieren Sie sich auf die Ideen, die den größten Nutzen für Ihr Unternehmen versprechen.

Anschließend können Sie die verheißungsvollsten Ideen mit dem Gedankengut des Gepards vorantreiben. Seien Sie flexibel, seien Sie schnell, und seien Sie schlank.

Innovative Ideen und bahnbrechende Datenprojekte bergen das Risiko, zu scheitern. Selbst die vielversprechendsten Data Science-Projekte haben so viele Variablen, dass ihr Ausgang zu Beginn nicht feststeht. Es ist möglich, dass sich die erwarteten Datenmuster nicht in den Daten wiederfinden.

Scheitern ist Teil der Reise. Und wenn das Scheitern einer kreativen Idee in Ihrer Unternehmenskultur negativ betrachtet wird, dann blockieren Sie mit dieser kulturellen Haltung

Innovation und Kreativität. Bitter ist eine fehlgeschlagene Idee nur dann, wenn man Unmengen an Zeit, Aufwand, Energie und Ressourcen in ein Vorhaben investiert hat, ohne zu bemerken, dass man sich immer weiter verrennt und die hochgesteckten Ziele nicht im Ansatz erreicht.

Die Kunst ist, schnell zu scheitern. Und das können Sie damit erreichen, dass Sie Ihre Datenprojekte klein und schlank beginnen. Kalkulieren Sie den Business Case. Das ist einfach, schnell und kein großer Aufwand.

Der Business Case ist gut? Dann setzen Sie nicht sofort ein Mammutprojekt mit ungewissem Ausgang auf. Gehen Sie Schritt für Schritt vor, und beginnen Sie mit der geringstmöglichen Komplexität. Sind die benötigten Daten überhaupt vorhanden? Haben sie die erforderliche Qualität? Prüfen Sie in überschaubaren Piloten, ob die erwarteten Datenmuster sich wirklich in den Daten niederschlagen. Dann können Sie ein erstes kleines Datenprodukt (MVP – „Minimal Viable Product") auf den Weg bringen.

All diese Schritte haben bestätigt, wie toll die Idee ist, und beweisen deren praktische Umsetzbarkeit? Dann können Sie Ihr Minimal Viable Product schrittweise weiterentwickeln, operative Strukturen schaffen, die Datenversorgung automatisieren und das Datenprodukt operationalisieren.

Signalisieren Ihnen die kleinen Schritte, dass Sie sich auf den falschen Pfad begeben haben, bedeutet das übrigens nicht zwangsläufig, dass Sie Ihre Idee komplett verwerfen müssen. Auf Ihrer agilen Reise vermögen Sie Ideen weiterzuentwickeln, nachzujustieren und anzupassen. Und wer weiß, vielleicht ist Ihr finales Vorhaben dann noch größer, besser und gewinnbringender als der erste Funke, der den Prozess in Gang gesetzt hatte.

## Die Macht der Manipulation

„Wir danken dem Bären und dem Gepard für ihre Ausführungen", zischte die Schlange. „Mit dieser neuen Methode können wir in

Zukunft viel Zeit sparen. Und sie wird uns dabei helfen, uns auf das Wesentliche zu konzentrieren. Was für ein großartiger Beitrag! Und damit beende ich unseren heutigen Austausch und wünsche euch einen guten Rückweg in euer Revier."

Die Tiere verließen den Versammlungsplatz an der Delfinlagune. Doch der Tiger blieb nachdenklich auf seinem Platz sitzen und starrte in die glühend am Horizont untergehende Sonne. Der Delfin lugte aus der Wasseroberfläche hervor und musterte den majestätischen König des Dschungels. Langsam kamen auch der Bär, der Gepard und der Papagei näher.

„Was beschäftigt dich?", eröffnete der weise Delfin mit seiner hellen, klaren Stimme das Gespräch.

„Ich weiß es nicht", murmelte der Tiger, der die Augen nicht vom fernen Sonnenuntergang zu lösen vermochte. „Es ist ein kleiner Funke, der sich in mir regt. Ein Gedanke, den ich noch nicht greifen kann."

„So, als hätten wir etwas übersehen?", fragte der Papagei.

„Ja. Vielleicht."

„Mir geht es auch so", bestätigte der Gepard und fasste sich mit der geschmeidigen Tatze ans Herz. „Die Lösung ist hier drinnen. Aber mir ist, als fände sie nicht den Weg in meinen Kopf!"

„Dabei wird es höchste Zeit!", mahnte der Papagei. „Ich habe die Menschen aus der Luft beobachtet. Sie breiten sich weiter aus. Unaufhaltsam. Gnadenlos. Und sie hinterlassen Verwüstung und Tod, wohin sie auch gehen!"

„Wie lange haben wir noch?", brummte der Bär. Besorgnis sprach aus seiner tiefen Stimme.

„Den kommenden Winter überstehen wir nicht", antwortete der Papagei und senkte niedergeschlagen den Kopf. „Zu viele Bäume werden gefällt. Zu viele Lebensräume vernichtet."

„Der Gedanke des Bären war gut", warf der Tiger ein. Noch immer hing sein Blick in der Ferne fest, so als glaubte er, dort eine Lösung zu sehen. „Sehr gut sogar. Vermutlich können wir die

Menschen nicht bekämpfen. Aber einen Weg zu finden, sie zu vertreiben, das ist ein kluger Gedanke."

„Und ein hoffnungsloser noch dazu", stellte der Bär trocken fest.

„Hoffnung gibt es immer", verkündete der Tiger mit ruhiger, gütiger Stimme. „Noch bleibt uns etwas Zeit."

„Aber wir haben doch schon alles versucht!"

Mitfühlend nahm der Delfin den Bären ins Visier. „Gewiss haben wir eine lange Reise hinter uns, mein Freund. Wir haben gelernt, Informationen zu sammeln und Vertrauen zu ihnen zu schöpfen. Und so suchten wir vergebens nach Informationen, die uns helfen würden, die Menschen aufzuhalten. Als wir die nicht fanden, entwickelten wir prophetische Modelle, um die Handlungen der Menschen vorherzusehen. Aber auch dieses Unterfangen war vergebens. Was ist der nächste Schritt auf unserem Pfad? Wie können wir uns noch einmal weiterentwickeln?"

Alle Augen waren wie gebannt auf den Delfin gerichtet. Selbst der Tiger löste seinen Blick vom Sonnenuntergang. Mit zerfurchter Stirn starrte er das gütige Gesicht des Delfins an. Und in den treuen Augen las er die Antwort. „Der Bär war bereits auf dem richtigen Weg. Wir haben die ganze Zeit über die falsche Frage gestellt!"

„Wie meinst du das?", hauchte der Gepard.

„Wir haben uns zu sehr darauf konzentriert, vorherzusehen, was die Menschen tun werden."

„Aber worauf hätten wir uns denn sonst konzentrieren sollen?"

Der Tiger strahlte über das ganze Gesicht. „Wir dürfen nicht zulassen, dass die Menschen uns durch ihre nächsten Schritte steuern. Vielmehr müssen wir versuchen, das Verhalten der Menschen zu lenken, so dass sie so handeln, wie es unseren Zielen entspricht!"

Die traurige Miene des Bären hellte sich schlagartig auf. Er erhob sich. Und sackte wieder in sich zusammen. „Aber meine

Idee, ihre Nahrungsversorgung zu unterbinden, funktioniert nicht. Es ist aussichtslos! So aussichtslos!"

„Weil du immer nur ans Fressen denkst!", neckte der Papagei. „Womöglich sind ihre Nahrungsmittel unangreifbar. Dann müssen wir eben andere Wege finden, sie zu vertreiben."

„Und was soll das sein?"

„Die Informationen des Waldes werden uns den Weg weisen", verkündete der Delfin feierlich.

„Aber wir haben sie bereits durchforstet. Und nichts gefunden!"

„Dann müssen wir unseren Horizont erweitern."

„Der Delfin spricht mal wieder in Rätseln!", polterte der Bär.

„Nein, der Delfin weist uns den Weg!" Der Tiger lachte grollend. „Die Informationen unseres Waldes können diese Fragestellung nicht beantworten. Weil wir die Lösung für ein Problem, das es in unserem Dschungel noch nie gegeben hat, hier nicht finden werden." Nickend strich er mit der samtigen Tatze über die Narbe an seiner Flanke. „Und es ist nicht das erste Mal, dass wir mit einer solchen Situation konfrontiert sind."

Der Bär starrte verständnislos vom Tiger zum Delfin und vergrub resigniert das Gesicht in den mächtigen Pranken. Der Gepard runzelte angestrengt die Stirn, als er versuchte, die Worte zu begreifen. Aber in den Augen des Papageien funkelte es, und ein wissendes Lächeln umspielte seinen gelben Schnabel. „Ich hole umgehend die Kolibris!"

Und der Delfin nickte dem Papagei und dem Tiger zufrieden zu.

Mit hoch erhobenem Haupt stand der Tiger vor einer surrenden Schar Kolibris. Die rot glühende Abendsonne umrahmte sein schwarz-gelb gestreiftes Gesicht. Die Reißzähne blitzten, als er das gewaltige Maul öffnete und zu sprechen begann.

„Erneut brauchen wir eure Hilfe, meine unermüdlichen Freunde! Schon einmal habt ihr mich gerettet. Und heute geht es um das

Überleben unseres geliebten Dschungels. Schwärmt aus, wackere Kolibris! Fliegt los und findet ein weiteres mal andere Wälder in fernen Ländern."

Aufgeregt flatterten die Kolibris auf und ab, vor und zurück. Stolz hielten sie die Zweige aus der Sonnenlichtung in ihren kleinen Schnäbeln, mit denen sie dank der Magie des Einhorns Informationen aufnehmen und weitertragen konnten. „Wonach sollen wir diesmal Ausschau halten?"

„Wir suchen Wälder, aus denen die Menschen erfolgreich vertrieben wurden. Jedwede Information aus diesen Wäldern kann uns dabei helfen zu verstehen, warum die Menschen die Flucht angetreten haben. Findet sie. Und ihr werdet die Retter unseres Dschungels sein."

Und die Schar der Kolibris schwang sich in die Lüfte. Ihre winzigen Flügel trugen sie nach Süden und nach Norden, nach Osten und nach Westen. Und die Gedanken der Tiere des Urwalds waren mit ihnen.

„Fliegt schnell, meine kleinen Freunde. Denn die Zeit drängt …"

*Praxistransfer:*
Informationen und Daten sind Wissen. Und Wissen ist Macht.

Die Fähigkeit, Daten aus der Vergangenheit analysieren und interpretieren zu können, ist demnach ein machtvolles Werkzeug.

Wir haben in den vorherigen Kapiteln gesehen, dass es noch wirkungsvoller ist, als die Vergangenheit zu verstehen, auf Basis der Daten die Zukunft vorauszusagen.

In diesem Kapitel aber gehen die Tiere des Dschungels noch einen Schritt weiter. Anstatt die Zukunft vorauszusehen, entwickeln sie einen Plan, die von ihnen erwünsche Zukunft herbeizuführen, zu erzwingen. Daraus resultieren konkrete Handlungsempfehlungen.

Mächtiger als dieses Unterfangen kann der Einsatz von Daten nicht sein!

Nicht jeder Use Case eignet sich für Prescriptive Analytics. Dennoch lohnt es sich, den Blick zu schärfen, in welchen Fällen sich eine Einsatzmöglichkeit bietet. Diese Chancen sollten Sie in Ihrem Unternehmen nicht ungenutzt verstreichen lassen.

Wo sehen Sie in Ihrem Unternehmen das Potenzial, Verhalten und Handeln zu optimieren? Welche Daten können Sie dabei unterstützen?

## Zusammenfassung Teil 4

Obwohl die Tiere des Waldes bereits einen datengetriebenen Dschungel mit einer ausgereiften Datenkultur erreicht hatten, mussten sie sich dennoch neuen Fragen und Herausforderungen stellen.

Mit steigender Nutzung von Daten war es nötig, sich eingehender mit Fragestellungen der Datenethik und des Datenschutzes zu beschäftigen, um einen professionellen Umgang mit Informationen zu gewährleisten.

Nach dem agilen Prinzip „Fail fast" entwickelten die Tiere eine neue Methodik, schnell, schlank und zielgerichtet zu vermeiden, sich mit hohen Aufwänden in neue Ideen zu verrennen, ohne vorher ihren Mehrwert und ihre Umsetzbarkeit zu pilotieren.

Mit der Erweiterung ihres Horizonts in Richtung Prescriptive Analytics vollziehen die Tiere des Dschungels nun einen weiteren Schritt, der die ihnen zur Verfügung stehenden Möglichkeiten machtvoll abrundet.

# Teil 5

... in dem die Tiere des Waldes die Früchte ihrer datengetriebenen Reise ernten.

## Die Rettung des Dschungels

Müdigkeit spiegelte sich in ihren Augen wieder. Doch die Kolibris flatterten tapfer weiter, surrten mit ihren flinken Flügelschlägen über die Baumwipfel des Urwalds hinweg. Und in ihren kleinen Schnäbeln hielten sie feierlich die vielen Äste, in denen sie aus allen Herren Länder Informationen mitgebracht hatten, die über Heil und Unheil des Dschungels entscheiden sollten.

Alle Tiere des Waldes waren auf der Sonnenlichtung versammelt. Es war der Geburtsort ihrer Gemeinschaft, wo das Einhorn mit seiner schillernden Magie die Informationen des Dschungels zum Leben erweckt hatte.

Die Stille war unheimlich. Es gab weder Wind noch knackende Zweige. Die Tiere hielten den Atem an. Und hunderte Augenpaare hefteten sich wie gebannt auf die hinabschwirrenden Kolibris. Einer nach dem anderen segelte über die Lichtung und rammte seinen Zweig tief in die moosige Erde des Waldes.

Stolz schritt der Tiger durch die Reihen. Die Tiere traten rasch beiseite und neigten ehrfürchtig ihre Häupter. Wie ein Sinnbild der Stärke ließ die gewaltige Raubkatze ihre feurigen Augen durch die Menge schweifen. Dann fixierte der Tiger mit einem Lächeln die unzähligen Kolibris, die sich im Herzen der Sonnenlichtung erschöpft im Gras niedergelassen hatten und nach Luft rangen.

„Meine kleinen, wackeren Freunde. Einmal mehr habt ihr unserem Dschungel einen treuen Dienst erwiesen, den wir euch gewiss nicht vergessen werden. Ich danke euch! Die Informationen sind verbunden. Nun lasst uns hoffen, dass sie eine Lösung der vielen Rätsel beinhalten."

Und der Gepard und der Jaguar machten sich ans Werk. Sie kniffen ihre Augen zu Schlitzen zusammen, umrundeten nachdenklich den mächtigsten Baum am Rand der Lichtung, fuhren ihre messerscharfen Krallen aus und ritzten die ersten Zeichen in die uralte Rinde.

„Schlank und schnell, mein alter Gefährte!", rief der Gepard.

„Wollen wir zunächst nach Ergebnismustern suchen?"

„Genau mein Gedanke!"

Ihre Augen blitzen auf, als sie die Baumkronen studierten. Und schließlich nickte der Gepard dem Tiger zu.

„Wir haben etwas gefunden", flüsterte er in die angespannte Stille.

„Was? Nun sagt schon?"

„Wir haben elf Wälder ausgemacht, die alle eine Sache gemeinsam haben. Einst wurden auch sie von den Menschen bedroht, die Lebensräume zerstörten und sich unaufhaltsam ausbreiteten. Doch wie durch ein Wunder haben die Menschen fluchtartig die Gefilde verlassen."

Dem Tiger wurde heiß und kalt zugleich. „Weshalb?", krächzte er. „Was war dieses Wunder?"

„Schritt für Schritt. Schlank und schnell", rief der Gepard und wandte sich wieder dem Jaguar zu. „Lass uns weitermachen!"

Und sie forschten in den Informationen, kratzten unermüdlich Symbole in die dicke Rinde.

„Habt ihr noch nichts gefunden?", drängte der Tiger und trat von einem Bein auf das andere.

„Doch … Nein … Es ist …"

„Nun sagt schon!"

„Wir haben da etwas …", stammelte der Jaguar.

„Aber es ergibt keinen Sinn", ergänzte der Gepard kreidebleich.

„Raus mit der Sprache!", donnerte der Tiger, und der Anblick seiner tödlichen Reißzähne ließ den Tieren das Blut in den Adern gefrieren.

„Menschen", wisperte der Gepard. „Es waren die Menschen selbst."

„Aber was soll das bedeuten?", brumme der Bär und kratzte sich verwirrt am Kopf.

„Menschen sind gekommen. Und dann haben sie den Wald verlassen und das Projekt beendet."

„In allen elf Wäldern?"

„Ja, ausnahmslos."

„Aber weshalb?"

„Das müssen wir herausfinden", erklärte der Gepard und trat erneut zu dem Baum.

Der Tiger schloss verkrampft die Augen. Er konnte nicht mehr mit ansehen, wie der Jaguar und der Gepard Skizze um Skizze in die Rinde kratzten. Unermüdlich und kreativ. Schlank, schnell und beharrlich.

Dann traten die beiden Katzen in die Mitte des Kreises. Die Schatten der untergehenden Sonne legten sich über die Lichtung. Sie hielten ein letztes Mal inne. Genossen die Spannung des Augenblicks.

„Wenn ihr noch länger wartet, zerreiße ich euch beide in der Luft", knurrte der Tiger.

Der Gepard grinste breit. „Es sind Organisationen. Menschen, die sich für Tiere einsetzen und auf das grenzenlose Unrecht aufmerksam machen. Sie stellen sich den bösen Menschen entgegen."

„Warum töten sie dann ihre Feinde nicht, so wie sie es mit unserem Tiger versucht haben?"

„Weil Menschen andere Menschen nicht töten."

„Und diese menschlichen Proteste führen dazu, dass die bösen Menschen unseren Dschungel verlassen?"

„Wenn die Organisation groß genug ist, können wir darauf hoffen."

Nachdenklich blickte der Tiger in die Runde. „Aber wie machen wir diese Organisationen auf unsere missliche Lage aufmerksam?"

„Das ist eine Frage, die wir den Informationen nicht entnehmen konnten", gestand der Gepard.

Nachdenkliche Stille legte sich über die Lichtung, als die Tiere des Waldes angestrengt grübelten.

„Wir bräuchten jemanden, der die Sprache der Menschen sprechen kann. Leider verstehen sie uns Tiere nicht", murmelte der Elefant.

Da richteten sich alle Augen auf den Papagei, der unschuldig auf dem Stumpf eines umgestürzten Baumes saß und unruhig auf und ab hüpfte.

„Und so schließt sich der Kreis", verkündete der Tiger mit sanfter Stimme. „Mit den Worten des Papageien hat unsere lange Reise begonnen, und mit seinen Worten wird sie enden. Du hast die Gemeinschaft zusammengebracht, hast das Evangelium der Informationen im gesamten Urwald verbreitet. Nun trage unsere Botschaft hinaus in die Welt und hole Hilfe, mein treuer Freund!"

Und der Papagei breitete seine bunten Flügel aus. Ein sanfter Windhauch folgte ihm, wie der Atem des Schicksals. Mit offenen Mäulern blickten die Tiere ihm nach. Und der Papagei flog schneller und weiter als jemals zuvor in seinem Leben.

Sieben Tage später feierten die Tiere des Dschungels ein rauschendes Fest. Der Papagei hatte einmal mehr als Sprachrohr des Urwalds ganze Arbeit geleistet. Der Elefant hatte extra für diese Feier einen gewaltigen Berg vergärter Äpfel zu Matsch zerstampft. Und die Tiere hatten den kräftigen Saft mit dem reinsten Trinkwasser des Waldes vermischt.

Der behaglich süßliche Duft erfüllte die Sonnenlichtung. Das orangerote Licht der am Horizont verglühenden Abendsonne tanzte mit den Schatten der turmhohen Baumwipfel um die Wette. Und diesmal herrschte keine angespannte Stille. Ausgelassen redeten die Tiere wild durcheinander, lagen sich feiernd in den Armen und prosteten sich mit stolzgeschwellter Brust zu.

„Auf unseren Tiger!"

„Und auf den Papagei!"

„Halt, auf den Gouverneur!"

„Was ist mit dem Gepard?"

„Und auf den Delfin, der leider allein in seiner Lagune feiern muss!"

„Auf uns alle!", donnerte der Tiger mit einem fröhlichen Brüllen.

Dann setzte er sich einsam an den Rand der Lichtung und genoss es, im Stillen dem überschwänglichen Treiben der heiteren Schar zuzusehen. *Wir haben viel erreicht*, dachte er zufrieden. *Und wäre ich nicht so ein verbohrter Dummkopf gewesen, dann hätten wir das sogar noch früher geschafft.* Er dachte an seine langen Diskussionen mit dem Flusspferd. Das sture Hippo hatte es selbst jetzt noch nicht über sich gebracht, über den eigenen Schatten zu springen und die Macht der Informationen anzuerkennen. *Traurig, dass man so sehr die Augen vor der Welt verschließen kann. Aber vermutlich wird man nie jeden Einzelnen überzeugen können.*

Der Tiger hörte das sanfte Rascheln von Gras. Und als er aufblickte, sah er den Papagei, den Elefanten und den Gepard auf sich zukommen.

„Was ist los, Majestät? Keine Lust zu feiern?", fragte der Papagei.

„Doch, doch", antwortete der Tiger und nippte mit verträumtem Blick an seinem Getränk. „Ich wollte nur alles noch einmal Revue passieren lassen."

Der Elefant legte freundschaftlich den Rüssel um die Schultern des Papageien. „Dass unsere kleine Quasselstrippe gleich zwei Tierschutzorganisationen animieren konnte, war schon eine ganz große Leistung!"

„Habt ihr gesehen, wie schnell die Menschen die Flucht ergriffen haben, als sie sich mit ihren Protestschildern in ihren Weg gestellt haben?", erinnerte sich der Gepard strahlend.

„Und vor diesen seltsamen Blechkästen hatten sie ja eine Heidenangst!", lachte der Tiger.

„Man nennt sie Kameras", erklärte der Papagei. „Die Menschen sind ähnlich magisch wie das Einhorn. Angeblich können sie mit diesen Kameras Bilder in die ganze Welt senden. Und den Unmut über die Untaten in unserem Dschungel noch weiter verbreiten."

„Kein Wunder, dass die Schurken so schnell geflüchtet sind, wenn sie sich solcher Zauberei gegenübersehen."

Sie alle nippten von ihrem Getränk, und der Papagei kippte beschwipst ins Gras.

„Ist das nun das Ende unseres Projekts?", fragte der Elefant melancholisch in die Runde.

„Nein", flüsterte der Tiger. „Das ist erst der Anfang! Es geht immer weiter."

*Praxistransfer:*
In diesem Kapitel haben die Tiere des Dschungels letztlich alles in die Waagschale geworfen, was ihnen zur Verfügung stand. Sie haben erneut externe Informationsquellen erschlossen, datenmusterbasierte Auswertungen vorgenommen und am Ende einen erfolgreichen Prescriptive Analytics-Use Case auf die Beine gestellt, mit dem sie Ereignisse aktiv in Gang setzen konnten, die ihren Lebensraum sicherten.

Neu und spannend in diesem Kapitel ist jedoch das Ende. Denn bei erfolgreichen Datenprojekten wird ein finaler Schritt häufig vergessen.

Feiern Sie Ihre Erfolge!

Kommunizieren Sie die Erfolgsgeschichten!

Und nutzen Sie diese als Basis für die nächsten Leuchtturmprojekte, indem Sie andere Teams und Kollegen mit praxisnahen und greifbaren Erfolgsgeschichten inspirieren.

Denn um es mit den klugen Worten des bekehrten Tigers zu sagen: „Es geht immer weiter!"

# Ein neuer Morgen

„Danach weiß ich nicht mehr, was passiert ist", brummte der Tiger amüsiert. „Vermutlich war der vergärte Apfelsaft doch ein wenig zu stark."

„Das hört sich ja nach einer denkwürdigen Feier an", lächelte der Delfin, der die Erzählung von den Siegesfeierlichkeiten sichtlich genossen hatte.

„Ja, das war es."

Stumm starrte der Tiger hinaus auf das Wasser. Die Wellen wogten sanft in der leichten Brise. Und die Sonne zauberte ein funkelndes Lichterspiel auf die sich kräuselnde Wasseroberfläche. Der Delfin musterte die zufriedene Raubkatze. „Wie geht es nun weiter?"

Seine Stimme war klar und hell. Aus ihnen sprach eine reine Weisheit, die der Tiger in den langen Monaten seines sturen, blinden Verhaltens stets unterschätzt hatte. „Ich weiß es nicht", sagte er langsam. „Im ersten Moment war es ein Gefühl der Euphorie, als wir unsere Ziele erreicht haben. Aber jetzt ist da eine eigenartige Leere. Eine Ungeduld, die meinen Herzschlag zum Rasen bringt."

„Du willst weitermachen ... noch mehr erreichen ..."

Der Tiger nickte gedankenverloren. „Ja, vermutlich will ich das."

Die beiden Tiere blickten verträumt in den Horizont, genossen die malerische Stille der Lagune und hingen ihren eigenen Gedanken nach.

„Wie können wir nun noch weitermachen? Wir haben die Bedrohung durch die Menschen im letzten Moment abgewehrt, die Tiere hatten nie mehr zu fressen und hochwertigere Trinkwasserqualität. Der ganze Dschungel wächst und gedeiht. Ich denke, wir haben es deutlich besser, als jeder andere Wald dieser Erde."

Da blitzten die klugen Augen des Delfins auf, und aufgeregte Klicklaute drangen aus seiner Schnauze. „Tiger, du bist ein Genie!"

„Aber ich hab doch immer noch keine Idee, wie wir weitermachen können."

„Doch", grinste der Delfin verschmitzt. „Du weißt es nur noch nicht."

„Also manchmal machst du mir wirklich Angst."

„Das von einem mächtigen Tiger zu hören erfüllt mich mit Stolz", lachte der Delfin. „Aber im Ernst: Du hattest den zündenden Einfall! Wir haben es deutlich besser als jeder andere Wald dieser Erde! Verstehst du nicht, was das bedeutet?"

Der Tiger rollte verwirrt mit den Augen. „Vermutlich liegt es an dem tückischen vergärten Apfelsaft, dass ich noch nicht klar denken kann. Aber nein, das verstehe ich nicht!", knurrte er missmutig.

„Dann halt dich fest! Wenn es uns Tieren hier im Dschungel besser geht als den Tieren in anderen Wäldern, dann haben wir doch etwas, worum uns alle beneiden. Oder nicht?"

„Ja, sicher."

„Und das alles haben wir durch die Informationen in unserem Wald geschafft. Korrekt?"

„Natürlich."

„Dann hätten die anderen Wälder doch bestimmt hohes Interesse daran, von uns zu lernen und von unseren bahnbrechenden Errungenschaften zu profitieren."

Die Augen des Tigers weiteten sich. „Und dafür wären sie gewiss bereit, Gegenleistungen zu erbringen. Noch mehr Fressen! Fremde Pflanzen! Alles, was unser Herz begehrt!"

Der Delfin nickte zufrieden und spritzte dem Tiger ausgelassen eine Ladung Wasser in das strahlende Gesicht.

„Ich könnte meine Datenakademie in anderen Landen anbieten. Die Lagune ist für Fische und Vögel gut erreichbar. Und als Meerestier bin ich sehr mobil und kann fremde Gewässer problemlos besuchen und unser Wissen weitertragen und so den Grundstein für die Verwendung von Informationen legen."

„Und mit erfahrenen Experten wie dem Gepard und dem Jaguar könnten wir Analysen für andere Wälder durchführen und die Ergebnisse anhand von Zweigen durch die Kolibris zu ihnen bringen lassen."

„Der Elefant kann seine Modelle für Rollen und Verantwortlichkeiten bestimmt auch gut vermitteln."

„Und der Papagei wird unser Sprachrohr, der unsere Errungenschaften in den anderen Wäldern verkauft und ihr Interesse weckt!"

Stolz reckte der Tiger sein Haupt in die Höhe und schnupperte die erfrischende salzige Brise des an die Lagune angrenzenden Meeres. Sie roch nach Freiheit. Nach Erfolg. Nach Aufbruch!

„Ich werde gleich eine Versammlung einberufen", verkündete er feierlich, und seine Augen funkelten, als wäre er auf der Jagd. „Wir müssen sofort loslegen und weitere Pläne schmieden. Denn es gibt viel tun!"

*Praxistransfer:*
Viele Use Cases, die den Verkauf von Daten oder Analytics an externe Stakeholder beinhalten, starten als interne Use Cases. Aus Sicht der benötigten Reife, die ein externes Datenprodukt unbedingt aufweisen sollte, ist dies ein nachvollziehbares Vorgehen.

Prüfen Sie also gerne für Ihre besten Datenprodukte: Worin liegt der Mehrwert des Datenprodukts? Ist dieser Mehrwert nur für Ihr Unternehmen interessant? Welche Partner oder Konkurrenten, Kunden oder Lieferanten könnten ebenfalls von diesen Informationen profitieren, so dass sie gegebenenfalls sogar bereit sind, Geld für Ihre Informationen zu bezahlen?

Ob man tatsächlich Datenprodukte nach außen anbieten möchte oder Data & Analytics als primär internes Thema betrachtet, muss jedes Unternehmen für sich beantworten.

Bedenken Sie bei dieser Fragestellung jedoch, dass insbesondere die externe Wiederverwendung von internen Datenprodukten ein sehr effizienter und eleganter Weg ist, den monetären Mehrwert einer guten Idee zu maximieren und (durch zusätzliche Zielgruppen) zu multiplizieren.

Welche Rolle sollen die Datenprodukte in Ihrem Unternehmen spielen?

## Zusammenfassung Teil 5

Am Ende der Geschichte werfen die Tiere des Waldes alles in die Waagschale, was ihnen in ihrem datengetriebenen Dschungel zur Verfügung steht.

Mit ihren neu gewonnenen Kenntnissen, Fähigkeiten und Methoden nutzen sie die Informationen des Waldes, um ihren Lebensraum vor der Bedrohung durch die Menschen zu schützen.

Am Ende feiern sie wohlverdient ein rauschendes Fest und sinnieren, wie sie – etwa durch den Verkauf von Daten und Dienstleistungen an andere Wälder – noch mehr aus ihren Errungenschaften herausholen können.

Nicht für jedes Business-Problem ist der Einsatz von Prescriptive Analytics nötig. Jede Idee und jeder Use Case erfordern eine andere Komponente aus dem datengetriebenen Methodenkoffer.

Die Möglichkeiten, wie Daten Mehrwert für Sie ermöglichen können, sind nahezu unbegrenzt.

Es ist Ihre datengetriebene Reise. Was wollen Sie mit Ihren Daten erreichen?

# 20 Schritte zum Erfolg

Mit der Fabel „Gib dem Tiger Daten" haben Sie nun eine lange und hoffentlich auch lehrreiche, spannende und unterhaltsame Reise durch das breitgefächerte Themenfeld der Datenkultur hinter sich.

Anhand dieser tierischen Geschichte durften Sie alle Entwicklungsschritte von der Gründung des datengetriebenen Dschungelunternehmens bis hin zur Umsetzung hochkomplexer Prescriptive Analytics-Use Cases auf Basis von externen Datenquellen hautnah miterleben.

Für wenige etablierte Firmen beginnt die Reise zum datengetriebenen Unternehmen ganz am Anfang. Sicher haben Sie einen soliden Status quo, auf dem Sie aufsetzen und Ihre Datenkultur weiterentwickeln können.

Die nachfolgende Schritt-für-Schritt-Anleitung fasst die wichtigsten Erkenntnisse aus dieser Fabel noch einmal in zwanzig Schritten zusammen. Sehen Sie diese Auflistung als eine Art Checkliste, in der Sie Ihren Startpunkt bestimmen und die Sie als inspirierenden Impuls für Ihre nächsten Schritte verwenden können.

1: Senden Sie eine klare Botschaft in Ihrem Unternehmen: „Wer schlecht informiert ist, stirbt aus".

2: Entwickeln Sie eine Datenstrategie mit einer klaren Zielsetzung und konkreten, greifbaren Teilzielen.

3: Streben Sie den größtmöglichen Automatisierungsgrad an.

4: Sorgen Sie durch Visualisierungsstandards dafür, dass Daten und Berichte vergleichbar und interpretierbar sind.

5: Erhöhen Sie gezielt die Data Literacy Ihrer Kollegen.

6: Entwickeln Sie ein mehrwertorientiertes Data Governance-Modell und rollen Sie dieses im Unternehmen aus.

7: Begreifen Sie Kommunikation als wichtigen Kulturtreiber.

8: Befähigen Sie Power User durch Self-Service Analytics.

9: Setzen Sie Communities als Datenkulturtreiber ein.

10: Etablieren Sie einen Datenkatalog als Fundament für die Demokratisierung von Daten.

11: Überzeugen Sie die Zweifler in Ihrem Unternehmen durch greifbare Leuchtturmprojekte mit messbarem Mehrwert.

12: Nehmen Sie die Führungskräfte Ihres Unternehmens auf Ihre datengetriebene Reise mit.

13: Prüfen Sie, ob externe Datenquellen Ihre internen Datenbestände gewinnbringend ergänzen können.

14: Bauen Sie ein Data Science-Team auf und erhöhen Sie den Mehrwert Ihrer Daten durch Predictive Analytics.

15: Treiben Sie eine datengetriebene und faktenbasierte Führungs- und Entscheidungskultur voran.

16: Unterschätzen Sie Themen wie Datenschutz & Ethik nicht.

17: Agieren Sie schlank und schnell. Scheitern Sie schlank und schnell. Arbeiten Sie mit MVPs und Piloten.

18: Suchen Sie nach mächtigen Prescriptive Analytics-Use Cases.

19: Feiern und kommunizieren Sie Ihre Erfolge.

20: Maximieren Sie Ihren Mehrwert, indem Sie Daten und Analytics als externe Datenprodukte verkaufen.

## Das Data Culture Framework von BARC (von Dr. Carsten Bange)

Das datengesteuerte Unternehmen ist ein erklärtes Ziel vieler Unternehmen. Aber der Weg dahin ist steinig. Häufig ist nicht klar, was wirklich zu einer Datenstrategie gehört, und dass die mangelnde Datenkultur im Zweifel jeden Ansatz einer Datenstrategie zum Scheitern verurteilt.

Laut der BARC-Studie „BARC Data Culture Survey 22" [1] halten 97 % aller Unternehmen Data Strategy und Data Culture für relevant. Doch in der Praxis möchten Unternehmen zwar mehr Geschäftswert aus Daten schöpfen, aber der Investitions- und Veränderungsbedarf sowie der daraus resultierende Nutzen ist häufig zu wenig greifbar.

Ein Grund hierfür sind die zahlreichen Hindernisse auf dem Weg zur Etablierung einer nachhaltigen Data Culture: Daten sind in Silos isoliert, Systeme für Ihre Entscheidungsunterstützung zu ineffektiv. Es fehlen Daten und Skills für datenbasierte Entscheidungen, Prozesse und Produkte. Die Umsetzung von Datenqualität, Datensicherheit und Datenschutz fällt schwer.

Neben der Definition einer Data- und Analytics-Strategie und den notwendigen Technologieinvestitionen müssen Organisationen auch kulturell eine Transformation zu einer datengetriebenen Unternehmenskultur – der Data Culture – durchlaufen. Ansonsten fehlt sowohl Strategie als auch Technologie das nötige Umfeld ihr Potential zu entfalten.

### Was ist eine Datenkultur?

Datenkultur ist ein Teilbereich bzw. Ausprägung der Unternehmenskultur. Kultur bezeichnet hier alle gemeinsamen Werte, sozialen Normen und Denkweisen, die das Verhalten der Organisationsmitglieder untereinander und in ihrer Wirkung nach außen bestimmen.

---

[1] vgl. BARC Data Culture Survey 2022

Eine datengetriebene Unternehmenskultur behandelt Daten als wichtige Ressource, welche die Handlungen und Entscheidungen auf allen Ebenen der Organisation bis hin zum Geschäftsmodell des Unternehmens wesentlich beeinflussen. Unternehmen sind zwar schon immer an ihren Kennzahlen und einzelnen Datenpunkten interessiert, mit einer Datenkultur werden Daten auf einer breiteren Ebene genutzt und beeinflussen, wie die Mitglieder der Organisation untereinander kommunizieren und zusammenarbeiten.

**Ziele und Effekte einer Datenkultur**
Datenkultur kann nicht gekauft oder verordnet werden. Sie entsteht durch verschiedene Einflussfaktoren wie die Organisationsstruktur, belohntes bzw. sanktioniertes Verhalten oder die Kommunikation und Entscheidungsfindung der Führungskräfte. Die Entstehung einer Datenkultur kann aktiv unterstützt werden, insbesondere durch Adressierung der im BARC Data Culture Framework systematisierten Ansätze (s.u.).

Das Hauptziel liegt darin, alle Mitarbeitenden dazu zu befähigen, Daten aktiv zu nutzen. Dadurch wird nicht nur deren tägliche Arbeit erleichtert, sondern auch das Potenzial des Unternehmens voll ausgeschöpft. Denn durch die aktive Nutzung der Daten werden Entscheidungen erfolgreicher, Initiativen effektiver und Wettbewerbsvorteile deutlicher.

Wesentliche Ansatzpunkte zur Etablierung einer Datenkultur sind drei Ebenen: die strategische Ebene des Geschäftsmodells, die dispositive Ebene der Entscheidungsfindung und die operative Ebene der laufenden Prozessausführung und -verbesserung.

**Warum eine datengetriebene Unternehmenskultur wichtig ist**
Bevor ein sinnvoller Wandel vollzogen werden kann, ist es wichtig, die Vorteile und Ergebnisse zu kennen, die erreicht werden können. Initiativen hin zu einer Data Driven Culture sind da keine Ausnahme. Die Befragten des BARC Data Culture

Survey 22 haben am häufigsten mit Hilfe von Daten die Entscheidungsfindung verbessert, Kosten gesenkt und Prozesse verbessert. Zu den weiteren erreichten Vorteilen einer Datenkultur gehören Umsatzsteigerung, bessere Akzeptanz von Entscheidungen, ein gemeinsames Verständnis von Daten und auch eine bessere Wettbewerbsfähigkeit.

**Zur erfolgreichen Datenkultur mit dem BARC Data Culture Framework: Ein Rahmenwerk mit konkreten Ansatzpunkten für Unternehmen**

Das BARC Data Culture Framework wurde entwickelt, um Unternehmen dabei zu helfen, die wichtigsten Ansatzpunkte zur Etablierung und Verbesserung einer Datenkultur zu verstehen. Das Framework beinhaltet sechs Handlungsfelder, die adressiert werden können.

Es existiert keine inhärente Hierarchie unter den verschiedenen Aspekten, für jedes Unternehmen sind unterschiedliche Ansatzpunkte wichtig. Data Access und Data Governance gehören aber bei den meisten Unternehmen zu den ersten Themen, die sie angehen. Aber auch Kommunikation über und mit Daten ist ein guter erster Ansatzpunkt, den Verhalten von Menschen und damit die Kultur des Unternehmens, lässt sich hierdurch gut beeinflussen.

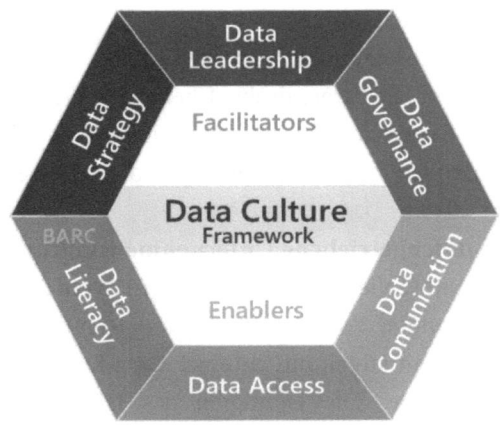

**Facilitators: Must-haves für datengetriebene Unternehmen**

Die obere Hälfte des Frameworks, die sogenannten "Facilitators", beschreibt Must-haves für jedes Unternehmen, das datengetrieben sein möchte.

**Data Leadership**

Data Leadership beschreibt das Verhalten von Führungskräften in Hinblick auf Daten und Analytik. Zielvorgaben, Organisationsaufbau und Prozessgestaltung sowie das Schaffen von Verantwortlichkeit für Daten sind hier wesentliche Aspekte. Eine authentische Führung beginnt immer mit den Handlungen und dem Engagement, die die Führungskräfte selbst an den Tag legen. Deshalb sollten sie selbst ein leuchtendes Beispiel dafür abgeben, wie man datengesteuert arbeitet, z.b. faktenbasierte Entscheidungen und Kommunikation. Nicht zu unterschätzen ist auch die Aufgabe der Führungskräfte, die nötigen Ressourcen für Data & Analytics bereitzustellen (insb. Personal, Zeit und Geld) und im Konfliktfall auch wesentliche Aspekte durchzusetzen, z.B, die Öffnung von Datensilos.

**Data Strategy**

Auch die starke Berücksichtigung der Datenkultur in der Data Strategy ist für die Etablierung einer Datenkultur essenziell. Eine ganzheitliche Datenstrategie berücksichtigt fachliche, organisatorische und technische Aspekte für eine Beschreibung des gewünschten Zielzustandes und des Weges dahin. Eine erfolgreiche Datenstrategie zahlt auf die strategischen Ziele des Unternehmens ein. Die Etablierung einer Datenkultur („Data Culture") ist dafür elementar, denn die Datenkultur des Unternehmens definiert die Grenzen der Datenstrategie. Eine Datenstrategie kann nichts vorantreiben, wenn die Datenkultur nicht entsprechend weit entwickelt ist. Insofern sollte die Beeinflussung der Datenkultur inhärenter und wichtiger Teil der Datenstrategie sein.

**Data Governance**

Data Governance umfasst sowohl Menschen als auch Prozesse und Technologien, die für die Verwaltung und den Schutz von Datenbeständen im Unternehmen erforderlich sind. Ziel der Data Governance ist es, allgemein verständliche, genaue, vollständige, vertrauenswürdige, sichere und auffindbare Unternehmensdaten zu gewährleisten. Diese Datenqualität bildet die Grundlage aller weiteren Aktivitäten und sorgen für einen nahtlosen Ablauf der betrieblichen Prozesse und können bestmöglich der Entscheidungsfindung dienen.

Der Fokus beim Aufbau von Data Governance sollte in der Definition von Richtlinien liegen, die den Aktivitäten mit Daten die notwendigen Grenzen setzen, aber gleichzeitig eine positive Atmosphäre für die Nutzung von Daten und Analysen sowie neue Anwendungsfälle unterstützen. Es müssen vor allem die Verantwortlichkeiten rund um Daten mit besonderem Augenmerk auf die Verbesserung der Datenqualität und das Aufbrechen von Datensilos festgelegt werden. Das sind die beiden größten Hemmnisse einer positiven Datenkultur und sogar der Digitalisierung als Ganzes.

**Enablers ebnen die Datenkultur bei den Mitarbeitenden**

Die untere Hälfte des BARC Data Culture Frameworks befasst sich mit den sogenannten "Enablers". Elemente dieser Kategorie zielen auf die Beteiligung möglichst vieler Menschen in Organisationen ab, den wesentlichen Trägern einer Unternehmenskultur. Erst durch sie wird die Datenkultur mit Leben gefüllt.

**Data Access**

Den ersten Unterpunkt stellt der Data Access (dt. Datenzugang) dar. Daten müssen zugänglich gemacht werden und nachvollziehbar sein. Auch organisatorische Regelungen im Hinblick auf den Datenzugriff müssen beachtet werden und die nötigen

Kompetenzen für den Zugriff und die Nutzung vorhanden sein (s.u. Data Literacy).

Dabei ist vor allem der Data-Discovery-Prozess von entscheidender Bedeutung. Denn es braucht ein neues Rollenverständnis. Es liegt von nun an in der Verantwortung des Datenerzeugers, leicht verständliche Beschreibungen (Metadaten) für jeden im Unternehmen bereitzustellen, z.b. in Datenkatalogen (Data Catalogs).

Data Access bzw. Datenzugang stellt einen Eckpfeiler in datengesteuerten Firmen dar. Denn Daten müssen aus komplexen und verteilten Datenlandschaften genutzt werden können, um daraus einen Wert zu generieren. Die größte Herausforderung liegt dabei in der Befähigung von Geschäftsanwendern, diese Daten auch sinnvoll zu nutzen. Oftmals wissen sie nicht einmal, welche Daten in ihrem Unternehmen existieren. Oder sie verstehen die Daten nicht bzw. ihren Kontext. Neben der Schaffung des technischen Zugriffs auf die Daten sind deshalb sowohl die Transparenz der Daten, z.B. in Datenkatalogen (Data Catalogs), als auch das Wissen um die Daten von großer Bedeutung für jede gute Datenkultur.

**Data Communication**

In der Regel werden viele Stakeholder benötigt, um so breit und umfassend wie möglich über Daten zu kommunizieren. Dabei sollten die Führungskräfte erklären, wie Daten und Analysen die Geschäftsstrategie vorantreiben, und sich über die Bedeutung des Datenaustauschs, der Anwendung von Analysen und KI und der Entwicklung von Datenprodukten oder sogar datengesteuerten Geschäftsmodellen im Klaren sein. Der CDO und/oder alle Verantwortlichen für Daten und Analyse sollte die Fähigkeiten besitzen, Datenprodukte und Erfolgsgeschichten so zu vermarkten, dass deutlich wird, wo Daten und Analysen dem Unternehmen helfen. Vor allem sollte der Austausch unter Kollegen durch Community-Bildung sowie die öffentliche Darstellung erfolgreicher Datenprojekte gefördert werden – denn Geschichten beeinflussen die Kultur ungemein.

**Data Literacy**

Unter Data Literacy bzw. Datenkompetenz verstehen wir die Fähigkeit, Daten mit geeigneten Werkzeugen zu finden, auszuwerten, aufzubereiten, zu analysieren und zu visualisieren sowie anhand von Daten zu kommunizieren und Analyseergebnisse zu interpretieren. Denn um einen langfristigen und breiten Bildungsansatz für die Kompetenzentwicklung in vielen verschiedenen Bereichen zu entwickeln, muss sichergestellt werden, dass sich die Kompetenzentwicklung nicht nur an die Mitarbeitenden richtet, die ohnehin schon mit Daten arbeiten, sondern auch fast jeden in der Organisation mit einbezieht. Wichtig ist, dass der Fokus nicht allein darauf liegt, wie Daten erhalten und verstanden werden können, sondern auch darauf, wie sie analysiert, genutzt und kommuniziert werden können. BARC liefert auch einen Beitrag zur Data Literacy: Wenn Sie noch mehr über das Thema Data Culture erfahren möchten, hören Sie unseren „Data Culture Podcast". Darin präsentiert Carsten Bange, CEO von BARC, zusammen mit Gästen aus unterschiedlichen Branchen, wie Menschen und Organisationen mit Data, Analytics und KI eine wirksame Datenkultur schaffen.

**Wie starten?**

Das BARC Data Culture Framework ist zentraler Inhalt des Vorgehensmodells zur Etablierung und Verbesserung der Datenkultur in ihrer Organisation. Wir empfehlen – und unterstützen Sie auch gerne dabei - mit einer Analyse der sechs Handlungsfelder zu starten um festzustellen, wie stark sie die Datenkultur des Unternehmens bereits fördern oder vielleicht auch hindern. Auf dieser Basis können Handlungsfelder priorisiert und fachliche, technische und organisatorische Maßnahmen abgeleitet werden. Eines sollte dabei immer berücksichtigt werden: Eine Datenkultur ändert sich nicht nachhaltig über Nacht oder durch ein Projekt. Die Etablierung einer positiven Datenkultur ist eine langfristige Aufgabe, die Ziele und Ausdauer benötigt. Aber es lohnt sich. Denn „Kultur ist nicht alles, aber ohne Kultur ist alles nichts".

*Weitere Informationen: barc.com*

# Danksagung

Mein erster Dank gilt Ihnen, den Lesern dieser datengetriebenen Fabel. Ich hoffe, das Buch hat Ihnen den einen oder anderen hilfreichen Impuls gegeben, und Sie dabei auch gut unterhalten. Wenn Ihnen „Gib dem Tiger Daten" gefallen hat, freue ich mich sehr, wenn Sie das Buch bei einem Shop Ihres Vertrauens bewerten und das Buch an Ihre Kollegen weiterempfehlen.

Darüber hinaus möchte ich mich bei allen herzlich bedanken, die mich beim Schreiben dieser Datenkultur-Fabel tatkräftig unterstützt haben.

Zum einen gilt mein Dank Tanja Müller, die einmal mehr ein tolles Cover für das Buch erstellt hat.

Dann möchte ich mich herzlich bei den beiden Testleserinnen Dr. Katarzyna Lasinska und Petra Embacher bedanken, deren konstruktives hilfreiches Feedback die Qualität dieses Buchs noch einmal deutlich erhöht hat.

Auch Dr. Carsten Bange und Herbert Stauffer von BARC möchte ich für ihr Feedback, ihre Unterstützung und die gute Zusammenarbeit rund um die Einbindung des BARC Data Culture Frameworks sehr herzlich danken.

Zum Abschluss gilt mein besonderer Dank den Kollegen aus dem Data & Analytics-Team meines Arbeitgebers, das mich seit nunmehr 13 Jahren auf unserer gemeinsamen datengetriebenen Reise begleitet. Es ist eine große Freude, mit euch zusammenzuarbeiten!

## Leseempfehlungen für gute Unterhaltung

Steht Ihnen nach diesem tierischen Fachbuch der Sinn nach einem witzigen Unterhaltungsroman?

Unter seinem Pseudonym Jonas Philipps hat Autor Thomas Gengler auch witzige Romane veröffentlicht.

**Sonntagsschüsse**
**Fußballfieber in der Kreisklasse**
Juli 2017, Autor: Jonas Philipps, Verlag: Books on Demand
ISBN: 978-3744819442

Rassige Derbys, feierwütige Fußballspieler, cholerische Spielleiter und einfältige Zuschauer der Kreisklasse – „Sonntagsschüsse" ist ein Buch über die Liebe zum Fußball! Ein Muss für alle Fußballfans!

Der junge Amateurfußballer Marco Tanner zieht mit seinen Eltern von Hamburg nach Oberfranken. In seinem neuen Heimatort Weiherfelden macht er sich nicht nur wegen des fußballerischen Talents einen Namen. Während Marco in der schrulligen Kreisklasse Nord die zünftigen Untiefen des fränkischen Wesens erkundet, stolpert er mit sympathischer Naivität von einem Fettnäpfchen ins nächste.

Doch plötzlich wird es ernst! Die hoch gehandelte Mannschaft steckt mitten im Abstiegskampf. Marco muss sich entscheiden, was er nach dem Zivildienst mit seinem Leben anfangen möchte. Und die komplizierte Hassliebe zur süßen Annika bringt Marco beinahe um den Verstand. Der Auftakt zu einem turbulenten Saisonfinale!

Die episodenhaften Geschichten über den TSV Weiherfelden werden eingefleischte Amateurfußballer mit einem wissenden Schmunzeln an die eine oder andere legendäre Anekdote aus dem eigenen Verein erinnern.

*„Eine Liebeserklärung an den Dorfverein und die eigene Jugend"*
*(Nordbayerische Nachrichten, 16.08.2017)*

*„Selten hat mich ein Buch so positiv überrascht wie Sonntags-schüsse ... Ich bin absolut begeistert und habe mich königlich amüsiert."* *(Sandra Ljamsin, Buch-Blog Hörnchens Büchernest, 03.03.2019)*

**Wer probt hat´s nötig**
**Die Geschichte der schlechtesten Band der Welt**
November 2018, Autor: Jonas Philipps, Verlag: Books on Demand
ISBN: 9 783752 854299

Es ist ein Meilenstein der Musikgeschichte, als Paul und Mario ihre Band Biersaufesel gründen.

Die selbsternannte schlechteste Band der Welt begeistert nicht mit musikalischer Qualität. Doch mit wenig Talent, viel Herz und durchgeknallten Songtexten genießen sie in ihrem Heimatort Kult-status.

Aber reicht das auch für den Sprung auf die große Bühne?

Begleiten Sie die vier jungen Männer auf ihrer mitreißenden Reise durch die Welt der Musik, den Anekdoten einer wilden Jugend und der Jagd nach den eigenen Träumen.

*„Eine herrlich komische musikalische Reise, auf die man sich als Hard Rock- und Metal-Liebhaber besten Gewissens mitnehmen lassen kann"*
*(Heidi Skrobanski, Metal-Magazin Metal Hammer, Ausgabe Februar 2019)*

*„Ein Buch mit Charakter und verdammt viel guter Laune"*
*(Christoph Speidel, Metalglory.com, 06.01.2019)*